Arno Specht
Uwe Schimunek

Geisterstätten Sachsen

Vergessene Orte

Mit Fotos von Babett Köhler, Peter Männig,
Adrian Specht und Arno Specht

Jaron Verlag

Die Autoren
Arno Specht: AS
Uwe Schimunek: US

Die Fotografen
Babett Köhler: 77, 78/79, 80, 81, 82
Peter Männig: 15, 16, 17, 18/19, 20, 27, 28, 29, 30/31, 32 (2), 33, 34, 41, 42/43, 44, 45, 46, 47, 48/49, 50, 51, 52, 65, 66, 67, 68/69, 70, 89, 90, 91, 92, 93, 94/95, 96
Adrian Specht: 8, 12 (2), 14 (u.), 22/23, 25, 38, 39, 40, 54/55, 58, 60, 64, 71, 73, 74/75, 76
Arno Specht: 7, 9, 10/11, 13, 14 (o.), 21, 24, 26, 35, 36/37, 53, 56, 57, 59, 61, 62/63, 72, 83, 84, 85, 86/87, 88

Originalausgabe
1. Auflage 2018

www.jaron-verlag.de
Umschlaggestaltung: Bauer+Möhring, Berlin, unter Verwendung von Fotos von Babett Köhler (vorn: Bahnbetriebswerk Eilenburg), Peter Männig (zwei Fotos hinten: Lederwerke Coswig), Adrian Specht (hinten: Villa Kolbe, Radebeul) und Arno Specht (hinten: Leipziger Bahnhof, Dresden)
Satz und Layout: Prill Partners | producing, Barcelona
Lithografie: Bild1Druck GmbH, Berlin
Druck und Bindung: Finidr s.r.o., Český Těšín
Printed in the Czech Republic

ISBN 978-3-89773-849-2

Inhalt

Vorwort

Ein neuer »Geisterstätten«-Band über Sachsen? Der Titel des vorliegenden Buchs wird vielleicht manche überraschen. Schließlich erschienen 2012 und 2014 in dieser Serie bereits Ausgaben über vergessene Orte in den sächsischen Metropolen Dresden und Leipzig. Doch dass wir uns zu einem weiteren Band über den Freistaat entschlossen haben, hat gute Gründe. Und diese zeigen, dass auch Buchreihen einer gewissen Eigendynamik unterliegen.

Als wir 2007 den ersten »Geisterstätten«-Band über Berlin zusammenstellten, gingen wir davon aus, dass sich ein solches Projekt nur auf größere Städte beziehen kann – schließlich firmiert der weltweit um sich greifende Trend zur Ruinenkletterei auch unter dem Namen »Urban Exploration«. Die enge Verbindung zwischen Ruinensehnsucht und urbaner Subkultur hat Tradition. So lag es nahe, auf Berlin weitere Großstädte folgen zu lassen. Doch mehr und mehr stießen wir auf ein Dilemma: Viele aufregende Objekte befinden sich fernab der Ballungsräume. Gleichzeitig werden in den ostdeutschen Großstädten die Ruinen immer rarer, je länger friedliche Revolution und deutsche Wiedervereinigung hinter uns liegen. Vorbei sind auch hier die Zeiten, in denen Brachen jahrelang vor sich hin moderten. Mit dem Band über Mecklenburg-Vorpommern (2015) lösten wir uns daher erstmals vom ursprünglichen Konzept. 2016 folgte Thüringen.

Nun also Sachsen – und somit ein Bundesland, das durch besondere Gegensätze geprägt ist. Einerseits kann Sachsen mit zahlreichen Erfolgsgeschichten aus den Jahren nach der Wiedervereinigung aufwarten. Andererseits hatte die Landespolitik dabei vor allem die Zentren im Blick – die vielzitierten »Leuchtturmprojekte« gab es selten im Vogtland oder im Erzgebirge. Mancherorts ist seit dem Ende der DDR wenig geschehen. In vielen Objekten, die dieses Buch beschreibt, spiegelt sich auch die wechselvolle Geschichte des Landes wider. Kaum eine Region Deutschlands war im Kaiserreich industriell so weit entwickelt und so reich. Entsprechend groß war auch die Fallhöhe, als traditionsreiche Betriebe zunächst in der DDR-Zeit verstaatlicht und nach 1990 zu großen Teilen abgewickelt wurden.

Erinnerungen an Sachsens Industriegeschichte nehmen in diesem Buch daher einen breiten Raum ein. Vorgestellt werden unter anderem die frühere Teppichfabrik Halbmond in Oelsnitz, die auch die Auslegeware für den Palast der Republik lieferte, das größte Werk für die berühmt-berüchtigten Plaste-Konsumgüter in Ottendorf-Okrilla oder das Eisenwerk Zwickau, das heute mit urbaner Kunst aufwartet. Gleich zwei Kapitel widmen sich den Relikten eines DDR-Unternehmens, das einen Sonderstatus innehatte: der SDAG Wismut, die das Erzgebirge zu einer der weltweit bedeutendsten Abbaustätten für Uran machte – mit den entsprechenden Folgen für die Region. Aber auch dieser »Geisterstätten«-Band widmet sich keineswegs nur Industriebauten. Das Spezialkinderheim Bräunsdorf ist ein stiller Zeuge der dunklen Seiten des Erziehungssystems der DDR, das Landkrankenhaus in Meißen-Cölln war einmal eine sehr modern eingerichtete Klinik, und die Mandaukaserne in Zittau blickt auf eine wechselvolle Geschichte zurück.

Die Hälfte der Kapitel stammt wieder von Uwe Schimunek, ohne den es bereits die Bände über Leipzig und Thüringen nicht gegeben hätte. Seit Langem Wahl-Sachse, war er für dieses Projekt geradezu prädestiniert. Undenkbar wären die »Geisterstätten«-Bücher aber auch ohne Fotografen, die über eine besondere Gabe verfügen: Gebäude, die der Normalbürger vielleicht als unansehnliche Schandflecke betrachtet, so in Szene zu setzen, dass die Ästhetik des Verfalls zur Geltung kommt. Mein Dank gilt hier meinem Sohn Adrian, der an allen »Geisterstätten«-Bänden beteiligt war, Peter Männig, der schon den Band über Thüringen bereicherte, sowie Babett Köhler, die seit Beginn zum »Geisterstätten«-Team gehört. Zudem gilt Uwe Schimuneks besonderer Dank Thomas Göttsberger für das anregende Gespräch in der und über die Zittauer Mandaukaserne und André Biscop für die Informationen über das Presswerk Ottendorf-Okrilla.

Wie bei jedem Band auch hier der obligate Hinweis: Als Reiseführer will sich dieses Buch nicht verstanden wissen. Denn für klassische Besichtigungen sind baufällige Gebäude nur bedingt geeignet. Vielmehr will es dazu einladen, auf eine gedankliche Reise in die Vergangenheit zu gehen. Dabei wünsche ich viel Vergnügen. *Arno Specht*

Die Fabrik der Orient-Liebhaber

Halbmond-Teppiche in Oelsnitz

Es war der Mythos von einer fremden, magisch anziehenden Welt. Allein schon dieses Wort: der Orient. Das Morgenland. Das Land, in dem die Sonne aufgeht. Die Köpfe der deutschen Klassik und Romantik erinnerten daran, dass die Wiege der Medizin oder der Mathematik nicht in Mitteleuropa stand, sondern im Orient. Mit dem verbanden sich vielfältige Fantasien, Wünsche und Sehnsüchte. Und die geronnen in den Köpfen derer, die ihre Heimat nie verlassen hatten, zu eingängigen Bildern. Die Länder des Nahen Ostens standen für Schönheit, Reichtum und Genuss, für Exotik und Erotik. Regalmeterweise zusammenfabulierte Harems-

Brachte den Islam ins Vogtland: Teppichfabrik mit dem Halbmond

fantasien und schwülstige Ölschinken in den Salons hinterließen in den Köpfen ganzer Männergenerationen bleibende Spuren. Noch um 1900 war der Orient ein europäischer Sehnsuchtsort – ein Teil der Welt, der so positive Assoziationen weckte, dass man im Jahr 1908 mitten in Dresden eine Fabrik in Form einer Moschee bauen konnte, ohne im Mindesten Anstoß zu erregen. Auf die Idee, dem Abendland könne dadurch eine Islamisierung drohen, kam damals glücklicherweise noch niemand.

So ein prägnantes architektonisches Bekenntnis wie die Dresdner Yenidze-Tabakfabrik gab es im Vogtland zwar nicht – doch auch in Oelsnitz bei Plauen nutzte man die Symbolik des Islam zu Zwecken des Marketings. Denn das Produkt, das Carl Wilhelm Koch und Fritz te Kock hier direkt am Ufer der Weißen Elster herstellten, ließ mindestens ebenso sehr an die magische Welt von Tausendundeiner Nacht denken wie der Tabak aus Dresden. In Oelsnitz produzierte man unter dem islamfreundlichen Markennamen »Halbmond« Teppiche – und tut es bis heute.

Ein verrosteter Halbmond ist auch übrig geblieben. Verloren fristet

Zeugnis der 1920er-Jahre: Produktionshalle mit Sheddach

er sein Dasein am Nebentor zu einem Fabrikgelände, das schon lange kein Arbeiter mehr betreten hat. Mittlerweile werden in direkter Nachbarschaft moderne textile Bodenbeläge für gehobene Ansprüche hergestellt – die historischen Fabrikgebäude jedoch wurden schon vor Jahren verlassen. Immer wieder ist von Abriss die Rede, ab und zu brennt es in den Ruinen, in den Wintermonaten stürzen regelmäßig Dächer und Böden ein. Selbst die schönsten Gebäude zerlegen sich selbst, wenn man ihnen nur genügend Zeit dafür lässt.

Überholtes Ablagesystem: Alte Akten

Noch aber kann man die ehemalige Fabrik betreten. Dabei sollte man die Treppen, die in die oberen Stockwerke des Kontorgebäudes führen, tunlichst mit größter Vorsicht benutzen. Wer sich von den morschen Stufen nicht abschrecken lässt, wird freilich mit aufregenden Entdeckungen belohnt. Er findet Büroräume, in denen die Zeit stehengeblieben ist. Der Putz bröselt von der Decke und legt sich sanft über ein Arrangement aus mächtigen Berichtsbüchern, in die die Einnahmen und Ausgaben noch von Hand vermerkt wurden, Wiedervorlagemappen sowie mechanischen Schreibmaschinen und schwarzlackierten Schreibtischlampen.

Die Fabrik hält weitere Fundgruben bereit. In einer undichten Sheddachhalle wachsen Moos und Gras zwischen einem weißlackierten Gestell voller Musterkarten für Auslegeware im Stil der 1990er-Jahre. Im dunklen Schuppen nebenan wird es noch stilvoller: Kartons mit postkartengroßen Warenproben einst hier produzierter Orientteppiche lagern scheinbar für die Ewigkeit. Ganzen Puppenhaussiedlungen könnte man hier zu Bodenbelägen der Premiumklasse verhelfen.

Das Gelände ist schier unüberschaubar. Fabrikhof reiht sich an Fabrik-

Folgende Doppelseite: Teppichmuster mit Dessins der 1990er-Jahre

hof. Wirr zwischen ältere Gebäuderiegel eingebaute Treppenhäuser, Verbindungsbauten und jüngere Hallen zeugen von einer abwechslungsreichen Baugeschichte. In ihr spiegelt sich die rasante Entwicklung wider, die das Werk nach der Gründung durch Carl Wilhelm Koch und Fritz te Kock im Jahr 1880 nahm. Mit 30 Arbeitern fing man an, zehn Jahre später waren es bereits 660, und 1900 gab die Fabrik schon 1600 Menschen Arbeit. 1913 war die Zeit reif für einen Superlativ: Die Firma »Koch & te Kock« konnte sich – fernab des Morgenlandes – als größte Teppichweberei Europas bezeichnen. Und das Wachstum setzte sich fort. Für 1930, das 50. Jahr des Bestehens, dokumentiert eine ledergebundene Festschrift 2500 Beschäftigte sowie einen Garnverbrauch von 9,13 Milliarden laufenden Metern. Wie oft hätte man damit den Weg zwischen dem Vogtland und der Hauptstadt des Osmanischen Reiches abwickeln können?

Bunt auf Grau: Graffiti an Fabrikwand

Auch die NS-Machthaber fanden Gefallen an den Halbmond-Teppichen. 1936 wurde ein besonders opulent geratenes Verwaltungsgebäude an der Ecke Wilhelmstraße / Voßstraße zu Berlin mit Teppichen aus Oelsnitz ausgelegt: die Neue Reichskanzlei. 40 Jahre später ließ ein anderes Regime eines seiner architektonischen Renommierprojekte mit Halbmond-Teppichen schmücken: den Palast der Republik. Allerdings hieß der Lieferant nun nicht mehr »Koch & te Kock AG«, sondern »VEB Halbmond-Teppiche Oelsnitz/V.«.

Zum VEB war das Oelsnitzer Werk 1949 geworden, gemeinsam mit mehreren anderen Vogtländer Teppichfabriken. In der DDR-Zeit wurde Halbmond zum Vorzeigebetrieb, für die Werktätigen entstanden die üblichen Einrichtungen wie Kulturhaus, Sporthaus und Kindergarten, und von Oelsnitz aus machte man sich jetzt daran, den gesamten sozialisti-

Linke Seite: Beim Auszug blieb das Inventar größtenteils zurück

Helden der Arbeit: Relikt aus VEB-Zeiten

schen Wirtschaftsraum mit Vogtländer Webwaren zu beglücken. Welcher Mittel man sich dafür bediente, kann man heute noch im ehemaligen Werbebüro besichtigen: Handzettel mit Vorgaben für die Werbung in der Volksrepublik Bulgarien lagern dort ebenso noch wie Einladungskarten zur Leipziger Frühjahrsmesse 1968 – angestaubte Relikte aus einer Zeit, in der es nach der reinen Lehre keinen Wettbewerb gab und Werbung sich ergo erübrigte. Dazwischen stapeln sich bergeweise Bilder von glücklichen Werktätigen und Betriebszeitungen, in denen deren Leistung euphorisch gefeiert wird. Auf knapp 30 Quadratmetern lebt, zwar zerfleddert und verstaubt, der real existierende Sozialismus weiter – auch wenn er so weit entfernt scheint wie der Mythos vom zauberhaften Orient. *AS*

Ohne Spannung: Strom fließt schon lange nicht mehr in der Teppichfabrik

Das Brandopfer in Elbnähe

Landkrankenhaus in Meißen-Cölln

Von der Hospitalstraße in Meißen ist es nicht weit bis zum malerischen Elbufer und zur berühmten Albrechtsburg und dem Dom auf der anderen Seite des Flusses. Diese Sehenswürdigkeiten bestimmen das Bild der Stadt, die rund 20 Kilometer stromabwärts der Landeshauptstadt Dresden liegt. Das alte Landkrankenhaus in der Hospitalstraße hingegen versteckt sich hinter üppigem Grün. Denn Kranke beherbergt das Haus im Stadtteil Cölln in der heutigen Meißner Innenstadt nicht mehr.

Wer das Gebäude betritt, erkennt schnell den Grund. Mehrere Brände haben das Dach massiv beschädigt, und nun setzt die Witterung dem gesamten Komplex zu. Die oberen Stockwerke des Hauptgebäudes sind über weite Teile kaum noch begehbar. Mitten in einem Flur wächst Grün in den Himmel. Der Boden ist zu einem sumpfigen Gemoder verkommen.

Barg einst modernste medizinische Technik: Meißner Landkrankenhaus

Ursache der Brände waren Zündeleien. Beim letzten schweren Feuer im Jahr 2014 wurden die Brandstifter gefasst. Wie die Lokalzeitung berichtete, konnten damals 90 Feuerwehrleute nicht verhindern, dass ein großer Teil des Dachstuhls vernichtet wurde. Die beiden Täter im Alter von 16 und 17 Jahren wurden zu Bewährungsstrafen verurteilt.

Der Brand war ein letzter, trauriger Höhepunkt in der langen Geschichte des Areals. Vor der Entstehung des Landkrankenhauses betreute Mitte des 19. Jahrhunderts ein Armenverein hier Bedürftige. Der Verein erwarb das Grundstück in Cölln und nahm in einem kleinen Gebäude »arbeitsscheue Personen« auf. Im Jahr 1863 bezog der Verein einen Neubau, das »Arbeits- und Versorgehaus«. Dieser verfügte auch über eine Krankenstube – die Keimzelle des späteren Krankenhauses. Denn schon bald erwies sich die Krankenstube als viel zu klein, und 1880 wurde ein neuer Bau für die Pflege der Kranken eingeweiht.

Mit abblätterndem Putz: Krankenhausflur

Schritt für Schritt wurde der Bau erweitert, und die technische Ausrüstung wurde immer besser. Nachdem 1899 ein neuer Anbau hinzukam, das erste Röntgengerät angeschafft wurde, die Zimmer fließendes Wasser und die Toiletten sogar eine Wasserspülung erhielten, entsprach das Landkrankenhaus modernsten Standards. Schließlich wurde das alte Versorgungshaus abgerissen, und ab 1914 arbeiteten die Ärzte in einer vierflügeligen Anlage auf allerhöchstem Niveau. Der neue Ostflügel diente im Ersten Weltkrieg als Lazarett.

Von diesen frühen Zeiten ist in der heutigen Ruine nicht mehr viel zu sehen. Die verbliebenen Einrichtungsstücke in den Gängen stammen offenbar aus den letzten Jahren des Krankenhausbetriebs. An einer Tür weist ein Schild darauf hin, dass hier einst eine Kleiderkammer die Ärzte- oder Schwesternkittel vorhielt. Ein Aufkleber mahnt eindringlich, dass jegliches »Benutzen von Funk-Telefonen im gesamten Krankenhausbereich verboten« sei, und warnt vor »Lebensgefahr«. Eine Schautafel beschreibt Vorgänge bei der Elektrokardiografie. Einzelnen Räumen ist bis heute anzusehen, dass sie einst zur chirurgischen Abteilung gehörten. Sogar einige der medizinischen Geräte stehen noch an ihrem Platz.

Die Chirurgie hat eine lange Tradition in Meißen-Cölln. Schon bei den Erweiterungen des Jahres 1899 wurde Wert auf ein gutausgestattetes Operationszimmer gelegt. Nach dem Zweiten Weltkrieg, in dem das Landkrankenhaus erneut als Lazarett diente, nutzten es zunächst die sowjetischen Besatzer, ab 1946 diente es wieder zivilen Zwecken. In der Hospitalstraße gab es bald wieder eine chirurgische Abteilung und sogar eine gynäkologische Station. 1967 wurde die Chirurgie des Kreises Meißen hier zentralisiert, 1972 begann der Aufbau einer eigenen Anästhesie-Abteilung.

Nach Bränden: Klinik mit Dachschaden

Noch heute findet man Hinweise auf die einzelnen Stationen. Alte Beschriftungen an Stromkästen weisen auf den Bereich mit den Röntgengeräten hin. Auch eine OP-Schleuse wurde über diesen Stromkreis mit Energie versorgt. An anderer Stelle sind die Besuchszeiten vermerkt. Auf der Intensivstation der Abteilung für Innere Medizin war der Besuch beispielsweise stark eingeschränkt: auf die Zeit

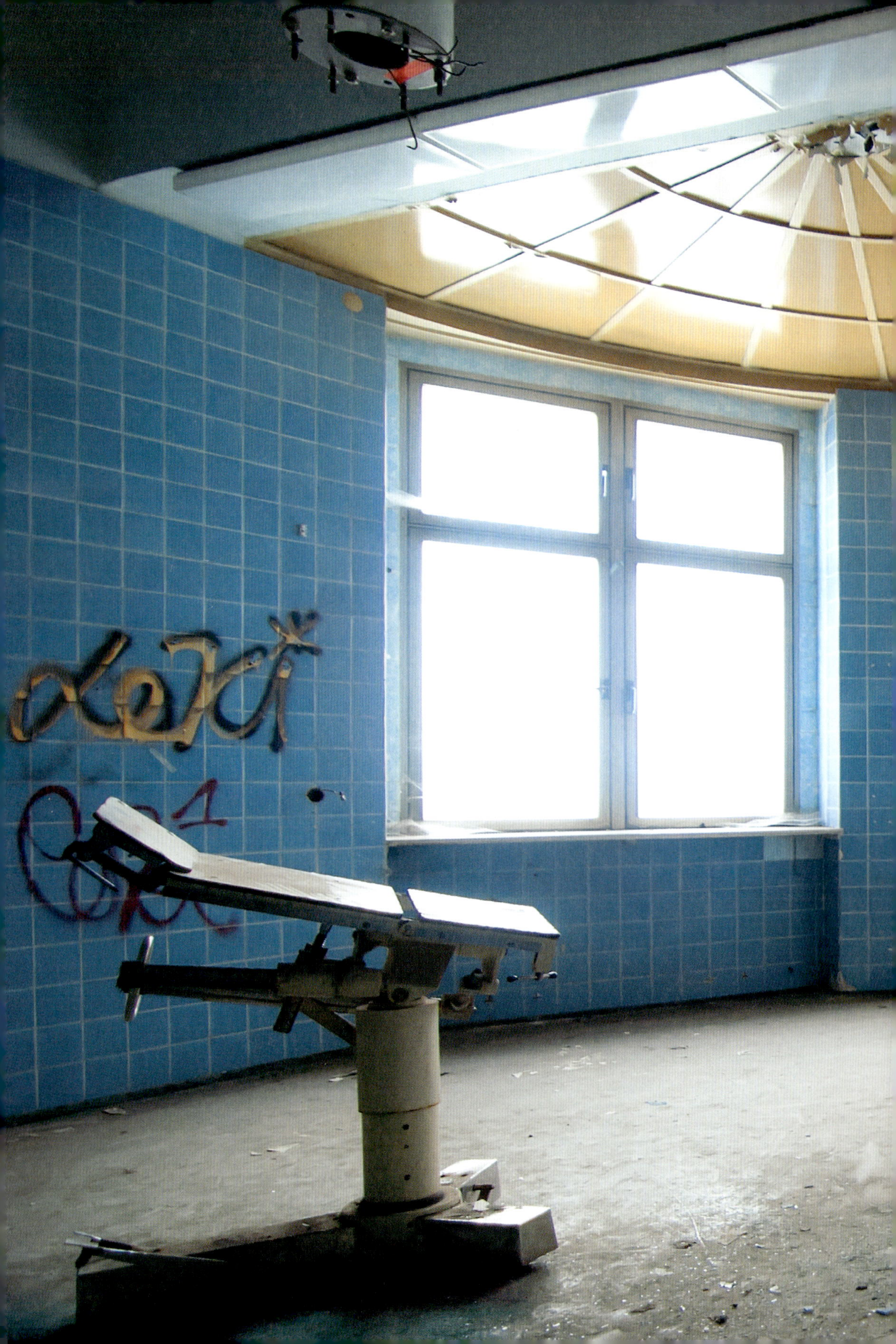

zwischen 16.15 und 16.30 Uhr. Es fehlt nicht der Hinweis, dass jeder Besucher »sich entsprechend den Erfordernissen der Station umkleiden muss«.

Die heutigen Gäste der Ruine werden eher robuste Kleidung tragen. Allerorten finden sich zertrümmerte Scheiben und Schmierereien. Am 19. Juni 2017 hat sich ein Besucher namens »Easy« an einer Wand verewigt. Ob er innerhalb der Besuchszeiten kam, ist nicht überliefert.

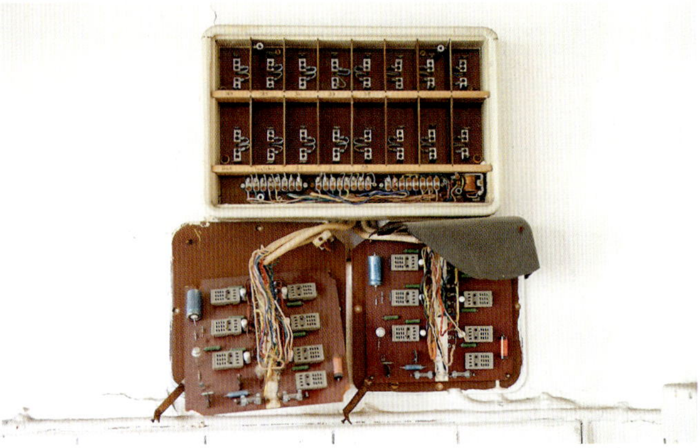

Energielos: Schaltkasten

Patienten jedenfalls wird er nicht mehr angetroffen haben. Bald nach dem Ende der DDR ergab eine Untersuchung, dass die Gebäude nicht mehr zu rekonstruieren waren. Zwar wurden 1991 noch in Containern zwei neue Operationssäle für die Chirurgie und ein Sterilisationsraum in der Hospitalstraße eingeweiht. Doch wenig später erfolgte der Spatenstich für den seinerzeit größten Krankenhausneubau Sachsens im Naussauweg, 1998 wurden die neuen Elblandkliniken in Betrieb genommen.

Das alte Landkrankenhaus in Meißen-Cölln verfällt seitdem. Brandstifter und Randalierer taten das Ihre für den Niedergang des Gebäudekomplexes. Inzwischen hat der Denkmalschutz sogar grünes Licht für den Abriss einzelner Gebäudeteile signalisiert. Denn es gibt durchaus gute Ideen für eine neue Nutzung des Areals. Altersgerechtes Wohnen, Gastronomie oder Hotellerie – das Ensemble liegt für vielfältige Zwecke sehr verkehrsgünstig. Der Stadtteil Cölln gehört heutzutage zur Meißner Innenstadt, die S-Bahn-Station ist gleich um die Ecke – und bis zur Albrechtsburg und dem Dom ist es auch nicht weit. *US*

Vorige Doppelseite: Behandlungsraum in der traditionsreichen Klinik

Der Palast des Chemikers

Villa Kolbe in Radebeul

Sie sehen aus wie am ersten Tag – jenem Tag im Jahre 1891, als Dr. Carl Kolbe seine neue Villa in Radebeul bezog. Bis heute stört kein Kratzer die Ebenmäßigkeit der polierten Hölzer an der Decke des Herrenzimmers. Makellos sind die Akanthusblätter der Holztäfelung im Salon, unversehrt die korinthischen Säulen im Treppenhaus. Auch das aufwendig gedrechselte Geländer müsste man nur abstauben, schon käme der warme Glanz des dunklen Eichenholzes wieder zur Geltung. Über 100 Jahre Nutzung und 20 Jahre Leerstand haben den Holzarbeiten nichts anhaben können.

Kunsttischler, Tapezierer und Stuckateure zogen seinerzeit alle Register, um zu verdecken, dass auch Kolbes Villa nur ein Bau aus schnö-

Zeugnis großbürgerlicher Pracht in Radebeul: Salon der Villa Kolbe

GAY
FUN

dem Backstein war. Doch während die Holzarbeiten die Jahrzehnte überdauerten, ist der Rest des Interieurs vom Verfall gezeichnet. Die edlen Seidentapeten hängen in Fetzen von den Wänden, das Parkett fehlt fast vollständig, der Kamin aus reichverzierten Kacheln ist bis auf ein paar kümmerliche Reste verschwunden. Auch der Stuck an den Decken kann nicht verbergen, dass er schon bessere Zeiten gesehen hat: Die Farbe blättert ab, und mitten in eine filigrane Stuckrosette wurde ein klobiger Neonröhrenhalter aus weißlackiertem Blech geschraubt. Ein sensibler Umgang mit dem architektonischen Erbe des Großbürgertums war in der DDR nicht üblich.

Blech auf Stuck: Lampe aus der DDR-Zeit

Und das ist die Villa Kolbe wahrlich: ein Zeugnis der Prachtentfaltung, die sich das Großbürgertum in wilhelminischer Zeit leistete. Bauherr Kolbe war Chemiker und Generaldirektor eines Unternehmens der Arzneimittelindustrie, der »Salicylsäure-Fabrik Dr. F. v. Heyden«. Als Baumeister für seinen Wohnsitz verpflichtete er den Berliner Architekten Otto March, der sich auf zwei in den protestantisch geprägten Industriestaaten Preußen und Sachsen außerordentlich profitable Bereiche spezialisiert hatte: evangelische Kirchen und Villen für das Großbürgertum. Mit der Villa Kolbe schuf er sein persönliches Meisterstück.

Als herausragendes Beispiel für Villen im Stil der Neorenaissance wird sie sogar im »Handbuch der Deutschen Kunstdenkmäler« aufgeführt, dem Standardwerk deutscher Denkmalpfleger. Die Beschreibung des Kolbe'schen Domizils liest sich fast wie die eines Fürstenschlosses. Von der Ziegelfassade mit ihren Gliederungen aus Sandstein ist die Rede, der üppigen Dachlandschaft mit zwei Voluten- und angedeute-

Vorige Doppelseite: Das Treppenhaus war das Prunkstück der Villa

ten Krüppelwalmdächern, dem polygonalen Turm mit Haube, dem Balkon mit seiner Maßbandbrüstung und natürlich dem Interieur: der 60 Quadratmeter großen Halle mit der Treppe, den Wohnräumen mit Vertäfelungen, aufwendig verzierten Decken, Bleiglasfenstern, vielfältigen Einbauten und Ornamenten. Geradezu revolutionär war seinerzeit die Haustechnik: Neben einer Warmwasserheizung gab es bereits elektrisches Licht, lange bevor Radebeul überhaupt eine Stromversorgung hatte – Akkumulatoren im Keller des Stalls und eine 800 Meter lange Leitung zur nächsten Fabrik machten es möglich.

Vielleicht werden eines Tages nur noch die Fachbücher an die Villa Kolbe erinnern. Denn der Verfall schreitet Tag für Tag voran – seit 1995, als die letzten Nutzer auszogen. Kurz darauf begann nämlich ein zäher Streit zwischen den jetzigen Eigentümern und dem Denkmalamt. Je nach Sichtweise handelt es sich um den Konflikt zwischen den hehren Idealen der Denkmalpflege und schnödem Profitstreben oder aber um den Zusammenprall von gesundem Pragmatismus und einer engstirnigen Auslegung der Denkmalgesetze. Im Kern geht es darum, ob der Besitzer neben die Villa noch ein Wohnhaus in den Park setzen darf und wie dieses auszusehen hätte.

Geplündert: Teile des Parketts fehlen

Während munter Schriftsätze ausgetauscht werden, zieht der Wind durch die offenen Fenster. Staub weht durch das Treppenhaus. Ungebetene Besucher hinterließen Müll. Es verkommt das Zeugnis einer großen Vergangenheit – einer Zeit, in der die Villa zu den ersten Adressen Radebeuls gehörte.

Diesen Rang hatte sie auch lange nach dem Auszug ihres Erbauers und Namensgebers noch. In der ersten Hälfte des 20. Jahrhunderts war das Anwesen eine standesgemäße Unterkunft für die oberen Schichten. Selma D. Freifrau von Milkau logierte ebenso hinter der Backsteinfassade wie der Fabrikant Louis Paul, der erfolgreich in Metallguss und Maschinenbau machte – bis ihn die Weltwirtschaftskrise um Firma, Vermögen und Villa brachte.

Bedrohtes Erbe: Stuck im Salon

Ab 1933 dann praktizierte in den Räumen der Chirurg Anton Johannes Kohlmann. Noch heute spricht man in Radebeul von der »Kohlmann-Villa«. Vielleicht ist der Name deswegen noch immer präsent, weil sich mit ihm ein tragisches Familienschicksal verbindet. Kohlmanns Ehefrau Elfriede nämlich war Jüdin. Gemäß den Nürnberger Gesetzen von 1935 genoss sie in ihrer »Mischehe« zwar einen gewissen Schutz, Ausgrenzung und Demütigung erlebte sie dennoch: Die Praxis ihres nichtjüdischen Mannes durfte sie nicht mehr betreten, stattdessen wurden sie und der gemeinsame Sohn zur Zwangsarbeit verpflichtet. Immerhin, die Kohlmanns überlebten. Sogar die Villa blieb bis in die 1970er-Jahre im Besitz der Familie Kohlmann und wurde über Jahrzehnte als Arztpraxis und als Außenstelle des Radebeuler Krankenhauses genutzt.

Medizinisches Gerät zwischen Stuck und Schnitzereien – es muss ein kurioser Anblick gewesen sein. Nennenswerten Schaden trug das großbürgerliche Interieur nicht davon, sieht man von einer etwas unmotiviert eingezogenen Trennwand und ein paar lieblos montierten Schaltkästen ab. Selbst die Seidentapeten hatten die Zeit offenbar unversehrt überstanden. Den Garaus machte ihnen erst der Kampf zwischen Kapitalismus und Denkmalpflege. Wenn er noch länger andauert, werden ihm bald auch die Eichendielen zum Opfer fallen. Doch noch glänzen sie. *AS*

Die Schicksalsstätte der Vierbeiner

Lederwerke Coswig

Treuherzig schaut der Hund von dem vergilbten Plakat. Seine herabhängenden Ohren werden wohl jeden Hundefreund rühren. Offensichtlich übte hier dereinst ein Tierliebhaber seine Arbeit aus. Freilich ging diese Arbeit für andere Vierbeiner nicht gut aus. Denn das Büro mit dem Hundeplakat befindet sich nur wenige Schritte entfernt von einer Werkhalle, in der es den Tieren früher sprichwörtlich an den Kragen ging.

Die gruselige Aufschrift »Entfleischmaschine« unter den untertellergroßen Resten eines Schalters könnte vermuten lassen, man befände sich in einem Schlachthof. Doch den armen Tieren wurde in den Werkhallen in der Industriestraße im Coswiger Ortsteil Brockwitz im wahrsten Sinne des Wortes das Fell gegerbt. Das Plakat und das Schild befinden sich nämlich in einer alten Lederfabrik.

Mit repräsentativem Hauptgebäude: Coswiger Lederwerke

Die Gerberei hat in der Gegend eine lange Tradition. Bereits 1835 gründete Heinrich Bierling seine erste Lederfabrik, allerdings ein paar Kilometer elbaufwärts, in der sächsischen Metropole Dresden. Bierling stammte aus einer traditionsreichen Gerberfamilie, die das Handwerk seinerzeit bereits in sechster Generation ausübte. Das Geschäft wuchs beständig, doch als die Nachkommen des Gründers das Unternehmen um die Wende zum 20. Jahrhundert erweitern wollten, erhielten sie hierfür in der Barockstadt keine Genehmigung. So bauten sie eine neue Fabrik – in Coswig. 1906 wurde die Produktion hierher verlagert, das repräsentative Hauptgebäude wurde 1910 vollendet.

Gruselig: Reste der Entfleischmaschine

»Es ist viel Papier und Zeit verbraucht worden, bis alles so gestaltet war, dass die Fabrik nicht nur dem heutigen Betrieb, sondern – soweit dies möglich – auch späteren Erweiterungen oder Umstellungen genügen sollte«, sagte Oskar Bierling in seiner Rede zum 100-jährigen Firmenjubiläum im Jahr 1935. In seiner Ansprache, abgedruckt in einer Festschrift, formulierte der greise Sohn des Firmengründers auch den Anspruch an den neuen Bau: »Vor allem sollte die Fabrik nicht nur ansehnlich sein, sondern auch in hygienischer Hinsicht und räumlich eine gute Arbeitsstätte darstellen.«

Für den Neubau war eigens eine GmbH gegrün-

Luftig und feucht: Produktionshalle hinter dem Hauptgebäude

det worden. Gesellschafter, Geschäftsführung und Mitarbeiter durchlebten bewegte Zeiten. Denn kaum war das neue Werk errichtet, kam der Erste Weltkrieg. Und der brachte »allerhand Erschwerungen«, wie sich Oskar Bierling erinnerte. Nach einem kurzen Aufschwung kamen mit der Inflationszeit neue Probleme. So dankte der Nachfahre des Gründers 1935 seiner Belegschaft für die »treue Anhänglichkeit an unser Werk, an unsere Familie und für Ihre stetige Mitarbeit in guter und ernster Zeit«.

Das repräsentative Hauptgebäude aus der Bierling-Zeit prägt die etwas abgelegene Straße bis heute. Die riesigen Hallen im Haupthaus dienten über Jahrzehnte vor allem der Ausstellung der Kollektionen der Lederwarenfabrik, in den kleineren Räumen war vornehmlich die Verwaltung untergebracht. Heute ist das Gebäude praktisch besenrein. Relikte wie ein Aufzug oder ein Stromkasten erinnern noch an den

Folgende Doppelseite: Die Gerberei war das eigentliche Herz der Fabrik

Hier und dort zu finden: Spuren der Vergangenheit

früheren Zweck des Gebäudes. Allerdings stammen sie aus der Zeit, als die Fabrikantenfamilie Bierling hier nichts mehr zu sagen hatte.

Nach dem Zweiten Weltkrieg wurde das Unternehmen zwar als eines von wenigen zunächst nicht verstaatlicht und produzierte in privatem Besitz weiter. Doch 1953 – der Markt für Leder war inzwischen eingebrochen – erfolgte die zwangsweise Vereinigung mit der Lederfabrik Freital, zwei Jahre darauf wurde das Unternehmen verstaatlicht.

Der »VEB Lederwerke Coswig« hatte später offenbar Geschäftsbeziehungen weit über die Grenzen der DDR hinaus. In der Pförtnerkammer bezeugt ein zerknittertes und angerissenes Papier Geschäfte mit einem Partner namens »Consultrade Italia S.R.L« in Genua, abgewickelt anscheinend über eine Export-Import-Firma in Berlin. Mehr Hinweise zu den internationalen Handelsbeziehungen lassen sich leider auf dem Werksgelände nicht mehr finden.

Die Exportgeschäfte der Lederwerke sind inzwischen Geschichte – so wie die Lederproduktion in Coswig-Brockwitz überhaupt. Allerdings ging es nach dem Ende der DDR noch eine Weile weiter. In den flachen Werkhallen hinter dem Hauptgebäude jedenfalls weisen einige Spuren darauf hin. So werben an einer Wand Plakate für die Feierlichkeiten zum 150-jährigen Bestehen der Freiwilligen Feuerwehr in Meißen im Jahr 1991. Ein paar Schritte weiter hat jemand eine Ausgabe des FDGB-

Rechte Seite: Schwere Technik sorgte für gute Luft

Einladend: Nebeneingang zum Fabrikgelände

Organs »Tribüne« aus dem September 1990 nach der Lektüre liegen lassen. Die Zeitung ist weitgehend zerfallen, kaum einen Artikel kann man noch lesen. Ins Auge fällt allerdings die Schlagzeile »Hoffnung auf neue Projekte«.

Die Hoffnung der Arbeiter in den Lederwerken Coswig währte indes nicht mehr lange. 1990 ging der Betrieb noch mit den Lederwerken im thüringischen Stadtilm zusammen – unter dem Namen »Thüsa-Leder GmbH« –, doch 1991 wurde das Werk in Coswig geschlossen. Zwar gründeten ehemalige Mitarbeiter in der Folge noch die »Coswiger Lederwerk GmbH«, doch 1995 kam auch für die das endgültige Aus.

Seither steht das Gebäude leer. Die Immobilie wird zum Verkauf angeboten. Ein Exposé für Interessenten preist »vor allem die Konstruktionsart in Stahlskelettbauweise, mit saalartigen Etagen, einer sehr hohen Deckenbelastbarkeit trotz nur weniger Stützpfeiler« an. Durch eine deutlich verbesserte Infrastruktur ist die Landeshauptstadt Dresden heute viel schneller zu erreichen als zu Bierlings Zeiten. Das idyllische Elbtal, der Friedewald und das Spaargebirge laden zum Entspannen ein. Es scheint nicht ausgeschlossen, dass der denkmalgeschützte Komplex bald Lofts enthält und dann innen wieder genauso repräsentativ aussieht wie von außen. *US*

Das Haus mit dem zynischen Namen

Spezialkinderheim M. Andersen Nexö in Bräunsdorf

Das Arrangement verfehlt seine Wirkung nicht: Ein struppiger Teddybär, das weiße Nachthemd mit blutroter Farbe besudelt, sitzt auf dem Rand des Trinkbrunnens. Ein Bein fehlt, die staubig-strohigen Innereien quellen heraus, das rechte Ohr hängt herab. Das Gedankenkarussell läuft auf Hochtouren. Man sieht nicht mehr die Schönheit des Jugendstilbrunnens, seine magisch glänzenden Fliesen in irisierendem Dunkelgrün und den kunstvoll gestalteten Wasserspeier in Form eines Fabeltiers. Man sieht nur noch ein gequältes Stofftier an einem Ort, der seinen einstigen Bewohnern für immer als ein Ort der Qualen in Erinnerung bleiben wird. Da kann man sich noch so oft einreden, dass der Bär wohl erst seit Kurzem hier sitzt. Wer auch immer ihn hier platziert hat – die Botschaft kommt an.

Trügerische Idylle: Früheres Kinderheim

Brunnen und Bär finden sich in einem langen Gang eines verfallenen Gebäudes in Bräunsdorf, einem 800-Seelen-Dorf zwischen Dresden und Chemnitz. Seit 1989 steht es leer. Bis zum Ende der DDR war es der unfreiwillige Wohnort von Kindern und Jugendlichen, die nicht in das Bild passten, das die Mächtigen im Staat von ihrem Nachwuchs hatten. Hier lebten junge Menschen, die beim Versuch der Republikflucht ertappt worden oder vielleicht einfach nur unangepasst waren, weil pubertätsbedingte Marotten bei ihnen stärker als gewöhnlich zutage traten. Andere hatten Delikte begangen, bei denen heute das Jugendstrafrecht zum Zuge käme,

Mit endlosen Gängen: Anstalt für »schwererziehbare« Kinder in Bräunsdorf

das dem Erziehungsgedanken verpflichtet ist. Die DDR-Justiz kannte diese Kategorie nicht. Jugendlichen Straftätern wurde das Etikett »schwer erziehbar« angeheftet. Sie kamen in Einrichtungen, die sich, wie die in Bräunsdorf, »Spezialkinderheim für schwererziehbare Kinder« nannten, kurz SKH. Neben den nicht weniger berüchtigten »Jugendwerkhöfen« zeigen die Spezialkinderheime, wie brutal die DDR mit unbequemen Jugendlichen umging.

Wie die anderen Spezialkinderheime trug auch das in Bräunsdorf einen wohlklingenden Beinamen. Unfreiwilliger Pate war hier der dänische Schriftsteller Martin Andersen Nexø, der vor allem mit seinem 1906 bis 1910 erschienenen und mehrfach verfilmten Roman »Pelle der Eroberer« bekannt geworden war. Es ist die Geschichte eines Jungen aus der Unterschicht, der sich gegen das herrschende System wehrt, die ihm zugewiesene Rolle nicht akzeptiert, von zu Hause ausbricht, sich dennoch durchsetzt und am Ende sein Ziel erreicht. In der DDR wäre so einer wie Pelle vermutlich in einem Jugendwerkhof oder Spezialkinderheim gelandet. Keine Frage: In der Disziplin »Zynismus« gehörte die DDR zur Weltspitze.

Vorige Doppelseite: Der geschundene Teddybär löst böse Assoziationen aus

Spezialkinderheim – schon das Wort lässt Schlimmes erahnen. Was die Insassen erwartete, war das, was man in der DDR die »Erziehung zu vollwertigen Mitgliedern der sozialistischen Gesellschaft« nannte. Mit Resozialisierung im aufgeklärten Sinne hatten die Methoden wenig zu tun: Der Wille der Delinquenten sollte gebrochen werden – durch Inhaftierung, Zwangsarbeit, Verabreichung von Psychopharmaka, Demütigung und körperliche Gewalt.

Thomas B. war einer der Insassen. 1970 hatte der damals gerade mal 13-Jährige mit Freunden versucht, in den Westen zu fliehen. Das jugendliche Abenteuer hatte ihn geradewegs in das SKH Bräunsdorf gebracht. »Es war wirklich wie Knast«, erinnert er sich in einem Gespräch mit der »Thüringer Allgemeinen«. Am Tag mussten die Kinder in der Schlosserei schuften, abends wurden sie weggesperrt. Wie lange Thomas B. würde bleiben müssen, sagte ihm niemand. Dabei hatte er noch Glück. Seine Erzieher seien »einigermaßen menschlich« gewesen. Und nach einem Jahr durfte er Bräunsdorf wieder verlassen. Andere blieben länger. Von »Erich und Margots Verwahranstalt« ist oft die Rede, wenn Ehemalige in Anspielung auf den SED-Chef und seine als Ministerin für Volksbildung tätige Gattin über Bräunsdorf sprechen.

Erziehung hinter Gittern: Kellertreppe

Die Erziehung durch Gewalt hatte in Bräunsdorf allerdings schon Tradition, als Honecker an die Macht kam. Bereits 1818 kaufte das Königreich Sachsen das einstige Rittergut, um es 1824 in ein Landeswaisenhaus umzuwandeln. Uniformierte wachten über die Kinder, Fluchtversuche wurden mit Kanonenschlägen angezeigt. In den folgenden Jahrzehnten wurde das Heim immer wieder ausgebaut, zur NS-Zeit befand sich in Bräunsdorf eine »Korrektionsanstalt für Asoziale und Arbeitsunwillige«. Und bevor die DDR 1960 das Spezialkinderheim einrichtete, nutzte sie die Liegenschaft als Jugendwerkhof.

Die jungen Menschen, die diese Gebäude in der DDR-Zeit erlebten, konnten vermutlich deren Schönheit nicht genießen. Es sind reichverzierte Jugendstilbauten mit hohen Räumen und Doppelflügeltüren, entstanden um die Wende zum 20. Jahrhundert. Diese Häuser wären heute der Traum eines jeden Projektentwicklers – stünden sie in Berlin oder Leipzig und nicht am Ende der Welt. Der einzige Versuch, hier in der Provinz eine Gentrifizierung anzustoßen, scheiterte nach der Wende zum 21. Jahrhundert: Ein Investor wollte aus Bräunsdorf ein exquisites Tagungszentrum machen – und stolperte über die Finanzkrise 2008.

Mit dunkler Vergangenheit: Klassenzimmer

Wer Bräunsdorf heute besucht, stolpert über Spuren der dunklen Vergangenheit. Sie werfen mehr Fragen auf, als sie Antworten geben. In einem düsteren Gewölbekeller rosten Metallbetten vor sich hin, aufgestellt in Reih und Glied. Mussten hier wirklich Kinder schlafen? Zwischen Staub und Spinnweben rollen sich vergessene schwarz-weiße Familienfotos in der feuchten Luft. Wer von den Abgebildeten hatte sie als Erinnerung an bessere Zeiten mitgebracht? In einem Klassenzimmer liegt ein verschimmeltes Lehrbuch, aufgeschlagen beim Kapitel »Aus der revolutionär-demokratischen und frühen sozialistischen deutschen Literatur des 19. Jahrhunderts«. Glaubten die Lehrer wirklich, dass sie mit ihrer Arbeit die Ideale von Georg Büchner und Heinrich Heine umsetzten?

Nur ein an die Wand gesprühter Spruch lässt keine Fragen offen: »Eine Armee von Leichen liegt in diesem Keller.« *AS*

Die Heimstatt der Infanteristen

Mandaukaserne in Zittau

Nur ein Stück hinter Zittaus größtem Bau ist Deutschland zu Ende. Ein Schild auf der Straße gibt die Entfernung des benachbarten Polen schon nicht mehr in Kilometern, sondern nur noch in Metern an. Die nächste größere Stadt in dieser Richtung heißt Liberec, zu Deutsch Reichenberg, und liegt bereits in Tschechien. Kurz vor dem Dreiländereck steht die 120 Meter lange und 25 Meter hohe Mandaukaserne. Am Hauptportal des Kolosses prangt stolz und von der Straße gut sichtbar die Zahl 1868.

In jenem Jahr legte der Zittauer Bürgermeister Ludwig Haberkorn den Grundstein für den Kasernenbau. Stadtbaumeister Emil Trummler hatte das Gebäude für 1200 Mann gemeinsam mit einem Militärarchitekten entworfen. Im April 1869 war der Bau fertig, und das 3. Königlich-Sächsische Infanterie-Regiment Nr. 102 bezog es. Die Soldaten kämpften 1870/71 im Deutsch-Französischen Krieg und im Ersten Weltkrieg an

Koloss nahe der Grenze zu Polen: Mandaukaserne

Relikte aus der DDR-Zeit: Ofen und Herd

der Westfront. Im Jahr 1919 wurde das Regiment aufgelöst.

100 Jahre später gibt es im Innern des Gebäudes nur noch wenige Spuren der militärischen Nutzung. Weit oben, beinahe unter dem Dach, findet sich eine Tür, die in altdeutscher Schrift mit der Nummer 179 gekennzeichnet ist. In weißer Farbe leuchtet der Vermerk: »von 19.00 bis 8.00 Uhr früh geschlossen«. Ob hier Waffen oder anderes Material ausgegeben wurden? Das Zimmer hinter der Tür gibt keine Antwort mehr.

Denn nach Beginn der Weimarer Republik bezogen Zivilisten die Kaserne, sie wurde zu einem ganz normalen Wohnhaus für Familien. Etwa 500 Menschen sollen in den kargen Zeiten im alten Kasernengebäude eine Bleibe gefunden haben. Was für Nutzer es waren, die 1923 in einem Raum im Obergeschoss einige beeindruckende Wandmalereien geschaffen haben, ist ungewiss. Man erkennt einen Mann in schweren Stiefeln. Leider sind die Bilder in Teilen schon sehr verblichen.

Nach dem Zweiten Weltkrieg übernahm die kommunale Wohnungsverwaltung die etwa 12 000 Quadratmeter Nutzfläche für zunächst 120 Mieter. Vom realsozialistischen Wohnalltag zeugen bis heute in einigen Räumen die typischen Blümchen-Tapeten. Waren die Bewohner in den Frühzeiten der DDR noch froh, überhaupt ein Dach über dem Kopf zu haben, sank die Beliebtheit des historischen Gebäudes im Laufe der Zeit mehr und mehr. Denn an Komfort mangelte es zur Gänze: Die Wohn-

Vorige Doppelseite: Sanierte Dachkonstruktion

bereiche waren ohne Toiletten und oftmals sogar ohne Wasser. So dürfte es höchst aufwendig gewesen sein, eine Mahlzeit zu kochen oder gar ein Bad zu nehmen. Bis heute sind in einer ganzen Reihe von Zimmern noch große Kachelöfen und Kohleherde zu sehen. Nicht nur das Wasser musste herbeigeschafft werden, die Bewohner mussten auch die Kohle fürs Kochen und Heizen aus dem Keller über die historischen Treppenstufen und die langen Flure in ihr Zuhause schleppen.

Kein Wunder, dass viele Bewohner aus der Kaserne in die neu entstehenden Plattenbauten wechselten. Heute zeugen Aufschriften an Stromkästen davon, wer die Räume in der Folge bezog: das Wohnungsamt beispielsweise oder der Deutsche Turn- und Sportbund. An einer Tür pappt die Aufschrift »Volkssolidarität«. All diese Nutzer legten vermutlich keinen Wert aufs Kochen und auf heiße Bäder während der Arbeitszeiten. Auch ein Lastenaufzug erinnert an diese Zeit, beginnen die Vorschriften doch im schönsten DDR-Duktus mit »Benutzung nur in Begleitung eines Aufzugführers«.

Immerhin war der Obrigkeit bewusst, was für ein geschichtsträchtiges Gebäude sie mit der alten Mandaukaserne besaß. Bereits 1983 wurde

Reich verziert: Treppenhaus in dem einstigen Militärgebäude in Zittau

der Bau unter Denkmalschutz gestellt, Anfang der 1980er-Jahre wurde das Dach mit Betonsteinen neu gedeckt. Die historischen Zinnen und Zwerchhäuser verschwanden indes, heute sind Zinnen nur noch an den beiden Türmen zu sehen. Im Innern wurde das Gebäude ohne größere Sanierungen heruntergewohnt – über das Ende der DDR hinaus. Doch 1997 wurde die Sicherheitslage prekär, das Haus wurde gesperrt. Seither steht es leer.

Mit gärtnerischen Aufgaben: Fleißige Schafe

In vielen Räumen finden sich Spuren des Verfalls – von harmlosen Schäden wie abgeblätterter Farbe bis zum handfesten Dachschaden im Mittelteil des Baus. Der Stadtrat hatte die alte Kaserne bereits aufgegeben und einen Abriss ins Auge gefasst. Doch eine Initiative unter Führung des Stadtforums Zittau verhinderte diesen. Inzwischen befindet sich der Bau in privatem Besitz. Der baufällige Südturm und der Nordflügel wurden bereits notgesichert, am Südturm wurde zudem die Außenhaut saniert.

Um den Außenbereich des über 13 000 Quadratmeter großen Grundstücks kümmern sich den Sommer über tierische Gartenarbeiter: Schafe hegen und pflegen die Grünflächen und bekommen im Gegenzug frische Luft, jede Menge Auslauf und immer genug zu fressen.

An Ideen für eine neue Nutzung fehlt es nicht. Vielleicht könnte die benachbarte Hochschule künftig einen Teil der Räume nutzen. Auch Umkleidekabinen für eine neue Sporthalle, Büros und Wohnflächen sind denkbar. Dass sich die alte Kaserne vielfältig nutzen lässt, das hat sie in ihrer gut 150-jährigen Geschichte schließlich immer wieder bewiesen. Und die Lage spricht für sie: Hier in der unmittelbaren Nähe zum Dreiländereck schlägt das Herz Europas. Zittau hat seine denkmalgeschützte Innenstadt neu herausgeputzt, und das benachbarte Liberec gehört heute zu den tschechischen Städten mit der höchsten Lebensqualität. Vielleicht pulsiert auch im größten Gebäude Zittaus bald wieder das Leben. *US*

Der Ort der bunten Geister

Zwickauer Eisenwerk

Es ist eine Geisterstätte der Gegensätze. In einer Ecke versinkt der Boden einer Halle unter dem eingestürzten Dach im dunklen Moder, gegenüber strahlt ein prächtiges Graffito von der Wand. An einer Stelle stauben alte Kohlesäcke vor sich hin, dort hängt eine skurrile künstlerische Installation von der Decke. Hier wachsen Sträucher und Bäume durch Löcher im Beton, daneben blickt ein kunstvolles Maschinenmonster drohend von der Wand.

Das Gelände des ehemaligen Zwickauer Eisenwerks zieht sich vom Tor mit dem ZEW-Logo über Hunderte Meter dahin. Durch die Gebäude pfeift der Wind, unter den Dächern flattern Tauben durch die zerborstenen Scheiben ins Freie, um dann zwischen den Hallen umherzuschwirren, vorbei an allerlei fantastischem Getier an den Mauern.

Verziert mit Urban Art: Eisenwerk in Zwickau

Das ehemalige Eisenwerk ist eine höchst artifizielle Geisterstätte. Das liegt an der allerletzten Nutzung des Geländes. Denn 2013 machte die »ibug« hier Station. Das Kürzel steht für »Industriebrachenumgestaltung« und bezeichnet ein jährlich in Westsachsen stattfindendes Festival für urbane Kunst: Ein ehrenamtliches – und inzwischen preisgekröntes – Team lädt Künstler aus aller Welt ein, um alte Fabrikgelände in riesige Freiluftausstellungen umzuwandeln. In Zwickau folgten etwa 100 Künstler dem Ruf und lockten im Sommer 2013 an drei Tagen um die 7500 Besucher auf das Areal des Eisenwerks.

DOGDOGDOG

Eine Liebe Keine Andere
09.03

Originelles Bild: Im Werk verfliegt die Zeit

Vermutlich sind manche der Werke bereits Einstürzen zum Opfer gefallen, andere wurden von Kunstbanausen mit Schmierereien versehen, aber viele der Wandbilder und Installationen beeindrucken bis heute – nicht zuletzt jene, die das Vorhandene spielerisch miteinbeziehen. Eine alte Kiste, auf die ein zerknautschtes Gesicht gesprüht wurde, wirkt nun wie ein übelgelaunter Arbeitszwerg. In einer anderen Halle hängt ein Gebilde von der Decke, das an ein Cyborg-Insekt aus einem Science-Fiction-Film erinnert, und direkt dahinter warnt ein altes Schild: »Unbefugten ist das Arbeiten an den Maschinen verboten.«

Die Anweisung stammt aus der Zeit, als hier im Stadtteil Crossen im Zwickauer Norden noch Stahl gegossen wurde – allerdings nicht aus den ganz frühen Jahren. Denn schon um die Wende zum 20. Jahrhundert gründete sich hier die Seltmann'sche Eisengießerei und produzierte für die Industriebetriebe in der Gegend. Doch bereits drei Jahrzehnte später brachte die Weltwirtschaftskrise das vorläufige Aus für die Gießerei.

Ein prächtiges Signet über einem Halleneingang zeigt an, wann es mit der Eisengießerei weiterging: Die Zahl 1950 prangt über einer Weltkugel nebst Hammer, Sichel, Ährenkranz und Sowjetstern. Kurz zuvor hatte eine Sowjetische Aktiengesellschaft (SAG) den Standort übernommen, deren Zweck die Abdeckung von Reparationsansprüchen der Sowjetunion nach dem Zweiten Weltkrieg war. Der Betrieb trug nun den Namen »Gießerei ›Fackel‹ Zwickau«.

Vorige Doppelseite: Kreative machten die Fabrik zur Kunstausstellung

Irgendwann in den 1960er-Jahren konnte die DDR den Betrieb offenbar erwerben. Denn 1967 bot der »VEB Zwickauer Eisenwerk, ehemals Gießerei Fackel« in der SED-Parteizeitung Neues Deutschland seine Produkte feil. In der Anzeige hieß es: »Wir liefern sofort für Rationalisierungsmaßnahmen in Ihrem Betrieb: Spurkranzräder in GS 45.« Der Stückpreis für die Teile mit einem Spurkranzdurchmesser von 290 Millimeter betrug übrigens 23,80 Mark.

In den 1970er-Jahren war das Werk für größere Produkte bekannt. Schwere Teile für Lastkraftwagen und Traktoren verließen die Gießerei. Der Betrieb wurde Schritt für Schritt erweitert, in den 1980er-Jahren sogar um ein mit Strom betriebenes Schmelzhaus. Das Wachstum ist auch an den Bauten gut zu erkennen: Ziegel und Stahlbeton stehen in trauter Zweisamkeit nebeneinander.

In den alten Gemäuern findet sich noch so manches, was an diese Zeiten erinnert. In einer der Hallen steht eine Stiege mit feinem Sand, offensichtlich handelt es sich um sogenannten Formsand, der beim Gießen bis heute zum Einsatz kommt. Bei den alten Kohlesäcken, die wenige Meter weiter aufgereiht sind, rätselt man allerdings: Stammen sie noch aus der Zeit der Produktion, oder sind sie ein Teil der Kunstausstellung?

Vergänglich wie die Street Art: Halle des Zwickauer Eisenwerks

Diese Frage stellt sich nicht in dem Bau nebenan: Hier thront ein riesiger Kessel inmitten eines hohen Raums, über dem ein Kunstwerk strahlt – ein Mann im Schutzanzug hält eine brennende Fackel, als wollte er das Feuer im Kessel entzünden.

Ein paar ungebetene Besucher scheinen zu Füßen des Wandbilds tatsächlich mit dem Feuer gespielt zu haben. Die angekokelten Blätter waren offenbar nicht trocken genug, um richtig zu brennen. Die Dokumente stammen aus den VEB-Zeiten. Ironischerweise haben die Zündler ausgerechnet die »Arbeitschutz- und Brandschutzordnung 231/1 vom 6. Januar 1970« nicht so richtig zum Lodern gebracht. Oder handelt es sich bei dem liederlichen Haufen Papier doch um eine eigenwillige Kunstinstallation?

Vermengt mit Schrott: Kunst in der Fabrik

Dass die alten Papiere die Zeit überdauerten, ist ein wenig verwunderlich. Denn der Betrieb überlebte das Ende der Gültigkeit von DDR-Vorschriften noch eine Weile. Die »Gießerei J. Weipert & Söhne GmbH & Co. KG« übernahm das Werk, musste die Belegschaft zwar von 350 auf 80 Köpfe reduzieren, produzierte aber immerhin weiter Eisen im Zwickauer Norden.

1996 kam jedoch das endgültige Aus. Ringsherum entstanden Handelsflächen – so sind in unmittelbarer Nachbarschaft etwa ein Baumarkt, ein Elektronikmarkt und ein Schuhhändler zu finden. Teile des Zwickauer Eisenwerks wurden von den umliegenden Unternehmen bereits übernommen, der Rest steht zum Verkauf.

Für alte Industriebauten und Street Art gilt gleichermaßen: Nichts ist für die Ewigkeit bestimmt. Das Vergängliche gehört zum Konzept urbaner Kunst, und auch die alten Produktionshallen werden irgendwann verschwinden. Bis dahin aber bieten sie noch sehenswerte Sprayereien und Installationen. *US*

Die Psychiatrie mitten im Walde

Heilstätte Carolagrün bei Auerbach im Vogtland

Die goldenen Sterne retten die Atmosphäre auch nicht mehr. Zerknickt, verstaubt und zudem viel zu klein, um in diesem riesigen Saal Wirkung zu entfalten, hängen sie an der Wand. Auch das bunte Mobile, das hilflos an der überdimensionierten Neonlampe baumelt, vermag keine heitere Stimmung zu entfachen. Irgendjemand muss auf eine lange Leiter gestiegen sein, um dem Raum zumindest einen Hauch von Unbeschwertheit zu verleihen. Doch das Bemühen war vergebens. Denn die Atmosphäre ist erdrückend. Diese grotesk hohe Zimmerdecke. Die brutal über den maroden Putz montierten Rohre und Leitungen. Die räudigen Tapeten. Und vor allem das bizarre Arrangement aus Krankenbetten, die den ganzen Saal ausfüllen. Hätte ein Künstler dies arrangiert, würden ihm Kritiker mangelnde Subtilität vorwerfen. Doch dies ist die pure Realität.

Gründerzeitarchitektur im dunklen Wald: Volksheilstätte Carolagrün

Eines ist gewiss: Carolagrün ist ein Ort mit einer ganz besonderen Atmosphäre. Schließlich hat die einstige Heilstätte bei Auerbach im Vogtland so manches zu bieten, was die menschliche Fantasie anregt. Sie liegt mitten im dunklen Wald. Sie wurde zeitweilig für die Kinderpsychiatrie genutzt. Und obendrein steht sie seit Jahren leer und verfällt zusehends. Kein Wunder, dass die Freunde des Paranormalen Geheimnisvolles wittern. Von einer verschwundenen Adelstochter ist die Rede. Von ominösen Geräuschen nächtens auf dem Dachboden. Und von Toilettenspülungen, die angeblich dort rauschten, wo es gar keinen Abort gab. »Der ganze Ort draut (sic!) sich nicht dort hinein«, schreibt eine selbsternannte Expertin zum Thema Geister im Internet.

Labyrinth in Türkis: Verlassener Flur

Wer sich trotzdem hineinwagt, wird allerdings enttäuscht sein. Keine verschollene Prinzessin, kein mysteriöses Rauschen, keine unerklärlichen Schritte. Nur Modergeruch, Stille und ab und zu das Klappern eines geöffneten Fensters im Wind. Hier gehen keine Geister um. Dieser Ort stimmt nur traurig – spätestens dann, wenn man die Aushänge an der Infotafel liest, die die letzten Nutzer hier zurückließen. Die Ankündigungen, Rundschreiben und Dienstpläne stammen aus dem Jahr 2000. Man denkt nach und schluckt. 2000. So lange ist das noch gar nicht her. Bis zu diesem Zeitpunkt wurden hier Menschen gepflegt und betreut. In Gemäuern, die mehr an den Schauplatz eines Romans von Charles Dickens als an eine moderne Pflegeeinrichtung erinnern.

Das Gebäude ist geprägt durch jahrzehntelange Vernachlässigung. Der Verfall überdeckt die Pracht der Gründerzeitarchitektur mit ihren großzügigen Terrassen und Gängen, den geschnitzten Dachverzierungen und dem kupferbewehrten Türmchen auf dem Haupthaus. Dieser Glanz

Vorige Doppelseite: Im Saal der Heilstätte stehen ausgediente Krankenbetten

war typisch für die Zeit. Und die Eröffnung im Oktober 1900 war ein gesellschaftliches Ereignis im Königreich Sachsen. Sogar Carola, die letzte sächsische Königin, Gattin von Albert I., reiste an. Sie war die Namensgeberin des Heims, das anfangs nur weibliche Patienten aufnahm.

Die unter königlicher Schirmherrschaft eröffnete Anstalt war eine von Dutzenden Heilstätten, die um 1900 reichsweit ihren Betrieb aufnahmen. Die Tuberkulose hatte sich in den Jahren der Industrialisierung zur Volksseuche entwickelt. Wirksame Therapien gab es freilich noch nicht. Man setzte auf frische Luft und Erholung, auf stärkende Ernährung und behutsame Sportübungen – vor allem aber auf Ruhe. Die fand man abseits der Industriestädte und aller Einflüsse der modernen Zivilisation. Zum Beispiel in Carolagrün, vier Kilometer vom nächsten Dorf entfernt und 650 Meter über dem Meeresspiegel.

Bauherr war der Volksheilstättenverein, finanziert wurde der Bau zu großen Teilen durch ein zinsloses Darlehen der Landesversicherungsanstalt Sachsen. Die Architekten Tscharmann und Curschmann aus Leipzig und Dresden entwarfen die Anlage mit ihren verspielt wirkenden Pavillons und der kleinen Kapelle. Als Tag der Grundsteinlegung wurde

Gruß aus Entenhausen: Donald Duck und seine Freunde im Badezimmer

der 5. August 1899 gewählt, der Geburtstag der Königin. Schon 1907 wurde die Heilstätte erweitert, 1913 kam ein Heim für 40 Kinder mit eigener Schule hinzu. 1925 verfügte die Klinik über 205 Betten, auch schwerste Tuberkulosefälle wurden hier behandelt. Und anders als viele andere Lungenheilstätten wurde Carolagrün auch nach dem Zweiten Weltkrieg weiter genutzt, als Teil der »Vereinten Lungenheilstätten Bad Reiboldsgrün«, der auch entsprechende Einrichtungen in Albertsberg und Bad Reiboldsgrün angehörten.

Märchenhaft: Relikte aus den 1990er-Jahren

Hohes Gras wächst heute rund um die Gebäude, der Wald nähert sich ihnen zusehends. Ein paar der Nebenhäuser sind noch bewohnt. Wie es sich wohl lebt in dieser Einsamkeit, zwischen Bäumen und Ruinen?

Die abgeschiedene Lage war es auch, die Carolagrün ab 1966 zu einer neuen Nutzung verhalf. Die Tuberkulose war weitgehend ausgerottet, nun zogen in die heruntergewirtschafteten Gründerzeitpavillons Menschen ein, die man in der DDR gern versteckte: Die einstige Heilstätte wurde Teil des »Fachkrankenhauses für Kinder- und Jugendneuropsychiatrie Bad Reiboldsgrün«. Nach der Wiedervereinigung distanzierte man sich zwar unter dem Motto »Enthospitalisierung« von der DDR-Psychiatrie – weniger Patienten und mehr Betreuer in offeneren und zentraler gelegenen Wohnformen, hieß die Devise –, doch noch bis 2000 wurden in Carolagrün geistig behinderte Kinder und Jugendliche gepflegt.

Einige der Räume sind in den 1990er-Jahren saniert worden. Moderne Tapeten und Elektroinstallationen zeugen von dem Versuch, die heruntergekommene Klinik in einen wohnlicheren Zustand zu versetzen. Doch heute lösen sich die Bilder ab, mit denen manche Wände und Türen kindgerecht aufgehübscht wurden, Moos wächst auf der Auslegeware. Und die goldenen Sterne im großen Saal setzen weiter Staub an. *AS*

Das vergessene Stück Eisenbahngeschichte

Leipziger Bahnhof in Dresden

Repräsentative Bauten aus lange vergangenen Zeiten verfallen in Würde. Die marmornen Überreste griechischer Tempel und die für die Ewigkeit aufgerichteten Bögen römischer Theater zeugen ebenso davon wie die wuchtigen Steingebirge mittelalterlicher Burgen. Sie alle erwecken auch nach Jahrhunderten Ehrfurcht und Respekt. Es sind monumentale Relikte aus Zeiten, in denen eine prunkvolle Fassade nicht nur Blendwerk war. Später verbargen sich hinter der Pracht meist eilig hochgezogene Konstruktionen aus Stahl, Ziegeln oder Beton. Spätestens seit der Industrialisierung wird nicht mehr für die Ewigkeit gebaut.

Eine unscheinbare Ruine am Rande der Dresdner Neustadt markiert die Schnittstelle zwischen beiden Zeiten. Denn zwar steht der 1839 eingeweihte Leipziger Bahnhof für den Beginn einer neuen Epoche: Mit ihm begann an der Elbe das Zeitalter des schnellen Reisens und Warenverkehrs, er war ein Motor der Industrialisierung. Gebaut wurde er aber noch ganz traditionell: aus massiven Kalksteinblöcken, garniert mit ein wenig Backstein. Im Laufe der Jahrzehnte brachen die Quader der Reihe nach heraus, stürzten ins Dickicht aus Gestrüpp und nie gemähtem Gras. Die Mauerreste aber ragen majestätisch in den Himmel wie die malerischen Überbleibsel verfallener Burgen oder Sakralbauten. Über allem thront ein Glockenturm, der im Gegensatz zum Rest des Gebäudes noch gut erhalten ist.

Mediterranes Flair in Dresden: Alter Bahnhof

Eingestürzt: Halle des geschichtsträchtigen Leipziger Bahnhofs

Seine schmiedeeiserne Konstruktion erinnert entfernt an ähnliche Türmchen in der Provence. Wenn über Dresden der Himmel in sattem Blau strahlt, weckt das filigrane Gerüst das Fernweh nach dem Süden. Es weckt Erinnerungen an den Geruch von mediterranen Kräutern und das Sirren der Zikaden …

Aber auf den Gleisen am Rande der Dresdner Neustadt fuhren die Züge nicht nach Marseille oder Avignon, sondern nach Leipzig. Doch 1839 war schon das eine Sensation. Denn Dresden—Leipzig war Deutschlands erste Fernbahnstrecke. Zwar kann sie nicht für sich reklamieren, Deutschlands erste Eisenbahnstrecke zu sein – dieser Superlativ bleibt für alle Zeiten der 1835 eröffneten Strecke Nürnberg—Fürth vorbehalten. Auch zwischen Berlin und Potsdam, Braunschweig und Wolfenbüttel, Düsseldorf und Erkrath sowie Frankfurt am Main und Wiesbaden gab es schon Eisenbahnverbindungen. Doch all diese Strecken hatten eher regionalen Charakter und wiesen nicht mehr als 50 Kilometer auf. Da war Dresden—Leipzig schon eine andere Nummer: 120 Kilometer liegen zwischen den sächsischen Metropolen. Am 7. April 1839 weihte die »Leipzig-Dresdner Eisenbahn-Compagnie«

feierlich die Gesamtstrecke ein – und mit ihr den Leipziger Bahnhof als repräsentativen Start- und Zielort.

Neue Verbindungen und steigende Fahrgastzahlen zogen schnell weitere Bauarbeiten nach sich. Auch wenn 1847 direkt neben ihm der Schlesische Bahnhof gebaut wurde, war der Leipziger Bahnhof schon bald zu klein. Immer wieder wurde an- und umgebaut. 1857 entstand ein neues Empfangsgebäude – gekrönt von dem provenzalisch anmutenden Türmchen. Auf Dauer aber konnte die Anlage aus den Kindertagen der Eisenbahn nicht mehr mithalten. Aus dem exklusiven Abenteuer Eisenbahn war ein Massenphänomen geworden. Am 1. März 1901 um vier Uhr morgens verließ der letzte Personenzug den Leipziger Bahnhof. Ab jetzt begannen Reisen von Dresden in den Rest der Welt am neuen Bahnhof Dresden-Neustadt. Er wartet bis heute mit der ganzen Pracht der Gründerzeit auf: himmelhohe Hallen, gigantische Gewölbe aus Stahl und Glas, endlose Bahnsteige. Der alte Leipziger Bahnhof duckt sich schüchtern in seinem Schatten. Schon um 1900 war er aus der Zeit gefallen.

Von Bäumen erobert: Bahnsteig

Während den Bahnhof Dresden-Neustadt heutzutage täglich Zehntausende benutzen, herrscht ein paar Meter weiter Ruhe. Die Gleise des Leipziger Bahnhofs sind schon lange verschwunden. Im geschotterten Gleisbett sieht man noch, wo einst die Schwellen lagen, ein paar verrostete Schienen warten aufgestapelt auf den Abtransport, der wohl nie mehr erfolgen wird. Bäume sprengen die verlassenen Bahnsteige, in abenteuerlichen Biegungen winden sie sich dem Himmel entgegen. Von den technischen Anlagen sind nur rostige Metallkästen und ein paar museumsreife Laternen übrig geblieben. Die letzte Investition, die hier getätigt wurde, galt

Folgende Doppelseite: Von den Gleisen blieben nur Schwellen und Schotter

Statisch bedenklich: Empfangsgebäude

ein paar Absperrgittern. Sie sollen unerwünschten Besuchern das Betreten des Empfangsgebäudes verwehren. Und das ist auch gut so. Denn so solide das Mauerwerk auch wirkt – das Dach und die Zwischenböden hängen längst nicht mehr dort, wo sie hingehören.

Zwischen faulendem Gebälk rosten die Reste alter Bürolampen vor sich hin – jenes Standardmodells, das in der DDR Zehntausende von Schreibtischen zwischen Rügen und Erzgebirge in kaltes Licht tauchte. Sie sind die letzten Erinnerungen an die Zeit, in der der Leipziger Bahnhof noch für den Warenverkehr genutzt wurde. Denn nach der Eröffnung des Neustädter Bahnhofs 1901 wurde der Leipziger Bahnhof zum »Güterbahnhof Dresden-Neustadt«, und diese Funktion behielt er über 100 Jahre. In den letzten Jahrzehnten wurde noch kräftig ausgebaut, 1968 kam sogar ein Containerbahnhof dazu. Auch die Wiedervereinigung überlebte der Bahnhof – bis 2005 das Güterverkehrszentrum Dresden-Friedrichstadt seine Aufgabe übernahm.

Der Bahnhof, der Eisenbahngeschichte schrieb, zeugt auch von vergangenen Verbrechen. Ein paar Meter entfernt erinnert ein Mahnmal an sie: Am Eingang des Bahnhofs Neustadt bewahrt eine Gedenktafel die Menschen, die vom alten Leipziger Bahnhof aus in den Tod fuhren, vor dem Vergessen. Zwei Deportationszüge mit insgesamt rund 2000 Juden starteten 1942 und 1943 von hier aus ins Rigaer Ghetto und ins Vernichtungslager Auschwitz. Damals war der erste Fernbahnhof Deutschlands nur noch ein Güterbahnhof. Die nationalsozialistischen Verbrecher scherten sich darum nicht. *AS*

Die Heimat der Plaste

Presswerk Ottendorf-Okrilla

Über Hunderte von Metern zieht sich das Gelände des ehemaligen Presswerks im Süden von Ottendorf-Okrilla hin. Gigantische Plattenbauten und alte Werkhallen säumen die Straße direkt neben den Gleisen der Sächsischen Städtebahn. Die Brandschäden in Dächern und Fassaden lassen das Areal im Dämmerlicht so aussehen, als würden die verfaulenden Zähne eines riesigen Monsters in die Höhe ragen. Ein paar Passanten stehen an der Bahnstation, sie haben sich augenscheinlich an den Anblick dieser Ruinenlandschaft gewöhnt. Die jüngeren von ihnen wissen vermutlich schon gar nicht mehr, dass hier einst der größte Produzent von Kunststoff-Konsumgütern der DDR zu Hause war.

Dabei hatte alles einmal ganz klein angefangen mit der Plaste in Otten-

Gigantische Ruine: Gebäude des Presswerks in Ottendorf-Okrilla

Einstige Heimat der Plaste: Produktionshalle im Presswerk

dorf-Okrilla. Schon vor 1949 befand sich hier ein Betrieb zur Fertigung von Bremselementen. Nach der Gründung der DDR kam die Kunststoffverarbeitung: Aus Phenolharzen wurden im Pressverfahren Kleinteile hergestellt – Schachteln, Dosen und Schüsseln für Bohnerwachs, Schuhcreme und Ähnliches. Schnell wuchs die Produktion. Schließlich setzte der rohstoffarme ostdeutsche Staat auf preisgünstige Kunststoffe aus russischem Öl. In der Kunststoffverarbeitung spielte Ottendorf-Okrilla eine Vorreiterrolle. In einem »Merkbuch für Kunststoffpresser«, das das Werk 1956 herausgab, stellte der Verfasser klar: »Kunststoffe sind keine Ersatzstoffe, sondern neue Werkstoffe von hohem technischen Wert. Man nennt sie Kunststoffe, nicht weil sie ein künstlicher Ersatz für die altbekannten Werkstoffe Metall, Stahl oder Holz sind, sondern weil sie auf synthetischen Wegen hergestellt werden.«

Mitte der 1950er-Jahre führte der Betrieb eine zweite Technologie ein: das Spritzgießen von Thermoplasten. Auf kleinen Maschinen wurden Tablettenschachteln, Farbkästen, Lippenstifthülsen und dergleichen hergestellt. So klein die Endprodukte auch waren – die Produktion stieg beständig und damit der Platzbedarf. Millioneninvestitionen galten beispielsweise einer Spritzerei, einer Pressereihalle, einem Blasereigebäude, einem Kesselhaus, Werkstätten, Lagerhäusern, einem Kühlturm und einem Feuerlöschteich.

Um 1970 wurde das Kombinat »VEB Presswerk Ottendorf-Okrilla« gegründet. Nun wurden von der Kleinstadt östlich von Dresden aus auch Betriebe in Schmölln, Wilthen, Sohland und Großdubrau geführt. Insgesamt arbeiteten 4000 Menschen in dem Kombinat, dem größten seiner Art in der damaligen DDR. Werbeprospekte aus den 1970er-Jahren zeigen, dass die Produktpalette mittlerweile deutlich ausgeweitet worden war. Spiegelschränke und WC-Garnituren, Wäschekörbe, Bottiche und vieles mehr wurden unter dem Label Pneumant vertrieben – auch im Ausland.

Ein paar Fundstücke in der Ruine zeugen von dieser Zeit: ein Kleiderständer etwa mit einem Inventaraufkleber des VEB, Schränke und Tische aus dem DDR-typischen Pressholz. Außerhalb der Produktionshallen lässt sich noch erkennen, wo früher die Eisenbahnwaggons auf dem Gelände beladen wurden. Ein riesiges Stahltor mit der Aufschrift »Feuerwehr Gerätehaus« macht deutlich, dass man den Brandschutz ernst nahm im Presswerk.

Relikt: Schreibtisch aus der DDR-Zeit

Eine eigene Feuerwehr gab es hier schon lange nicht mehr, als schwere Brände Teile der Gebäude zerstörten. Die lokalen Zeitungen berichten vor allem von einem verheerenden Großbrand im Jahr 2014. Schon von der Straße aus sind die bei Bränden entstandenen Schäden zu sehen, die offenbar vor allem das Sozial- und Verwaltungsgebäude stark in Mitleidenschaft zogen.

Doch Brände und Vandalismus sind nicht die einzigen Gründe, aus denen

es nur noch wenige Fundstücke aus der DDR-Zeit gibt. Denn das Ende kam langsam. Nach dem Untergang der DDR arbeitete der Betrieb noch eine ganze Zeit unter wechselnden Namen wie »Kunststofftechnik F. u. H. Riesselmann GmbH« oder »Kunststofftechnik Sachsen GmbH & Co. KG (KTSN)« weiter.

Ausgerechnet das Pförtnerhäuschen gleich an der Straße blieb von den Bränden verschont. Hier liegen noch allerlei Dokumente aus den letzten Jahren des Werks auf dem Fußboden verteilt. Berge von Papieren, viele sind über die Jahre vermodert, und die Schrift ist verblichen. Überweisungsbelege aus dem Jahr 1996 bezeugen die Bestellung von Fachpublikationen aus diversen Verlagen. Eine Wareneingangsmeldung aus dem März 1999 verzeichnet die Ankunft eines größeren Postens von Kratzschutz-Materialien. Auch für eine Testlieferung von Granulat an eine Firma in Eilenburg findet sich ein Beleg.

Im Pförtnerhäuschen: Alte Dokumente

2004 stellte die Kunststofftechnik Sachsen die Produktion in Ottendorf-Okrilla ein. Nach Fusion mit einem anderen Unternehmen wurde die Kunststoffherstellung in Pirna konzentriert. Auf einem Teil des Presswerk-Geländes arbeitet heute die »WERIT Sanitär-Kunststofftechnik GmbH & Co. KG«.

Für eine Nachnutzung des restlichen Areals wurden immer mal wieder Pläne vorgestellt. Doch realisiert wurde nichts. Zuletzt berichtete die Lokalpresse, das alte Werk solle abgerissen und das Gelände für eine Wiederbebauung hergerichtet werden, um neue Gewerbeflächen zu schaffen. Bis es so weit ist, warten die Passanten weiter an der Bahnstation, ohne der Heimat der DDR-Plaste Aufmerksamkeit zu schenken. *US*

Vorige Doppelseite: Lochstreifen für die Plastepressung

Der Tempel der Werktätigen

Kulturpalast Rabenstein in Chemnitz

Es ist ein Haus für den großen Auftritt. Es thront geradezu über seiner Umgebung. Mit bedachtsamen Schritten nähert man sich dem Gebäude und steigt die flachen Stufen der Freitreppe empor. Mächtige Säulen tragen den Portikus und lassen den Besucher teilhaben an einer Inszenierung – einer Inszenierung von Bedeutung und Macht. Wer wissen will, wie Herrschaftsarchitektur funktioniert: Hier kann er es erleben. Der Besucher ist Teil einer durchkomponierten Szenerie, geht aber zugleich in ihr unter. Das Individuum versinkt unter der Macht, die Stein und Stuck ausstrahlen.

Die Architektur dieses Palasts ist das Zitat eines Zitats. Der Klassizismus zitierte die Antike. Und die kommunistische Architektur der Stalin-Ära zitierte den Klassizismus. Hinter jedem Zitat aber steht eine politische Aussage. Wollten sich die Monarchen des 19. Jahrhunderts in eine Reihe mit den Herrschern der Antike stellen, so vereinnahmten die Kommunisten die klassische Herrschaftsarchitektur für die Monumente ihrer Macht. Nicht für Adel und Großbürgertum, sondern für die Arbeiterschaft waren ihre Paläste gedacht – so wie der Kulturpalast Rabenstein am Pelzmühlenteich im Westen von Chemnitz.

Für den großen Auftritt: Chemnitzer Kulturhaus

Wenn Reiche zerfallen, bleiben Ruinen zurück – nicht nur in Athen oder Rom, sondern auch in Chemnitz. Wurzeln sprengen die Stufen der

Geplündert: Einer der Säle im Kulturpalast Rabenstein

Freitreppe, die Säulen sind beschmiert, rostige Gitter sperren den Zugang zur Terrasse ab, die ebenerdigen Fenster sind verrammelt, weiter oben hängen nur noch Splitter in den Rahmen. Im Foyer klaffen Löcher im Parkett, die Deckenverkleidung hängt in Brocken herunter, Putz löst sich von den Wänden. Hier inszeniert sich keine Macht mehr, sondern nur noch der Verfall.

Der heutige Zustand ist nur das letzte Kapitel eines Abstiegs in Raten. Auch wenn die Architektur den Anspruch auf Ewigkeit signalisierte – seinem ursprünglichen Zweck diente das Gebäude nur für wenige Jahre. Der Auftakt freilich war ein Staatsereignis ersten Ranges: Zur Einweihung am 14. Januar 1951 reiste DDR-Ministerpräsident Otto Grotewohl persönlich an. Sein Besuch galt dem ersten Kulturpalast nach sowjetischem Vorbild auf dem Boden der jungen DDR.

Dass das Vorzeigeobjekt ausgerechnet in Chemnitz – wie die Stadt nur noch für zwei Jahre heißen sollte, bevor sie nach Karl Marx umbenannt wurde – entstand, war kein Zufall: Der Palast war Teil eines Freizeit- und Kulturprojekts für die Arbeiter der SDAG Wismut – jenes Unternehmens, das im Erzgebirge Uran förderte. Der Kalte Krieg hatte begonnen, und die Werktätigen, die den Rohstoff für das atomare Wettrüsten lieferten, sollten bei Laune gehalten werden. Darum entstand am Pelzmühlenteich nicht nur der Kulturpalast nach Plänen der Architekten

Kurt Ritter, Adam Burger und Joachim Rackwitz, sondern ein ganzer Kulturpark. Wobei der Begriff Kultur sehr weit ausgelegt wurde: Das »Haus für Körperkultur« mit Schwimm- und Sporthalle gehörte ebenso dazu wie großzügige Parkanlagen mit Wasserspielen und Pavillons. Das üppige Freizeitangebot sollte vergessen machen, dass die Arbeit bei der Wismut der Gesundheit nicht sehr zuträglich war: Staub und Radioaktivität machten Lungenkrebs, Kehlkopfkrebs und Silikose zu häufigen Berufskrankheiten.

»Kulturpalast der Werktätigen«, »Kulturpalast der Bergarbeiter«, »Wismut-Kulturpalast« – der tempelartige Bau am Pelzmühlenteich erhielt viele Bezeichnungen. Und seine Ausstattung war seinen Namen angemessen. Es gab einen Theatersaal mit über 900 Plätzen. Im »Rosettensaal« wurde getanzt. Restaurant und Bar durften ebenso wenig fehlen wie Bibliothek und Billardzimmer. Die rund 100 hauptberuflich beschäftigten Künstlerinnen und Künstler des »Volkskunstensembles« sorgten für Unterhaltung. Das Budget war üppig: 1,21 Millionen Mark standen pro Jahr zur Verfügung.

Im Zeichen des Verfalls: Treppe

Die hohen Kosten waren es wohl auch, die den Traum vom klassischen Kulturerlebnis für das Proletariat bald wieder beendeten. Schon 1967 trennte sich die Wismut vom Palast. Zunächst betrieb die Stadt ihn weiter, doch 1974 bekam Karl-Marx-Stadt eine neue Stadthalle im Zentrum, in nächster Nähe zum Karl-Marx-Monument – und mit dem

Neubau aus Porphyr und Glas konnte der alte Palast in Rabenstein nicht mithalten. Er war nun endgültig ein Relikt aus der Stalin-Ära und ihrem inzwischen belächelten Zuckerbäckerstil.

Vom Prunk blieb nur die Hülle. Wer den Theatersaal heute betritt, verschwindet in einem schwarzen Loch. Dunkler Boden, dunkle Wände, erdrückende Stille – es ist ein recht unheimlicher Ort. Drahtseile und Reste gigantischer Lüftungsanlagen werfen im Licht der Taschenlampe gespenstische Schatten. Es sind die letzten Spuren aus der Zeit, in der der Palast als Fernsehstudio genutzt wurde. Denn 1971 wurde der Deutsche Fernsehfunk neuer Hausherr, befreite den Theatersaal von Lüstern, Stuck und Plüsch und baute ihn für die neuen Zwecke um. Statt nur ein paar Hundert erschöpfte Wismut-Arbeiter zu unterhalten, erzeugte man hier jetzt Illusionen für ein republikweites Publikum: Die Quizsendung »Schätzen Sie mal« und die Show »Spiel Spaß« wurden hier ebenso produziert wie viele Silvestershows. Nach dem Ende der DDR sendete der MDR noch ein paar Jahre aus Chemnitz, doch 1999 war auch damit Schluss – das neue Leipziger Sendezentrum machte das Studio überflüssig.

Menschenleer: Eingang zum Theatersaal

Wo Redakteure, Regisseure und Techniker arbeiteten, liegen heute Trümmer. Zerstört sind Büros und Aufnahmeräume, verdreckt und verschimmelt die Nadelfilzböden der 1990er-Jahre. Die trostlose Stimmung treibt den Besucher schnell wieder aus dem Palast. Von der verwaisten Terrasse wirft man einen letzten Blick auf den verwilderten Park, der einmal ein Freizeitparadies für Werktätige sein sollte. Man blickt auf ein Wasserspiel ohne Wasser und das einstige Haus für Körperkultur. Heute ist es ein Sozialkaufhaus. *AS*

Vorige Doppelseite: Der Kulturpalast war Teil eines Freizeitparks für Bergarbeiter

Der Ruhepol an den Gleisen

Bahnbetriebswerk Eilenburg

Im Hof zwischen dem Lokschuppen und dem Sozialtrakt grünt es wie im Garten Eden. Bäume, Sträucher, Kräuter, Blumen – es sprießt überall. In einem Baum zwitschert es, Vögel flattern aufgeregt aus ihrem Nest. Sie drehen eine Runde und lassen sich wieder nieder, als sie merken, dass ihnen von den Fremden keine Gefahr droht. In ihrem Revier kommt es nur sehr selten zu Begegnungen mit menschlichen Eindringlingen.

Denn der Verkehr zieht schon lange am Bahnbetriebswerk Eilenburg vorbei, die Werkshallen sind seit vielen Jahren verlassen. 1999 wurden die letzten Teile der Gebäude geräumt, bereits 1995 war die Drehscheibe demontiert worden. Seitdem hat der Lokschuppen keine Funktion mehr. In ihm herrscht gähnende Leere, nur vereinzelt zeugen letzte Spuren noch von der schweren Technik, die hier einst im Einsatz war. In luftiger Höhe hängt etwa ein Haken an einem Seilzug, der laut Aufschrift von der Firma »Abus« in Dessau hergestellt wurde. Das gusseiserne Gerät

Von Grün überwuchert: Alte Gleisanlagen des Bahnbetriebswerks Eilenburg

AMOR

Für schwere Lasten: Seilzug

wirkt gut erhalten, so als käme es frisch aus der Fabrik. Drei Tonnen ließen sich einst an diesem Haken in die Höhe ziehen.

Im Bahnbetriebswerk Eilenburg wurden früher schwere Dinge bewegt, war doch der Bestand an Dampflokomotiven beträchtlich. Im »Jahrbuch für Eilenburg und Umgebung«, Ausgabe 2008, erinnert sich ein Bahner namens Kurt Krause an die glorreiche Zeit des Werks. Das betreute in den 1960er-Jahren noch die Lokbahnhöfe in Torgau, Schildau und Wurzen. Sage und schreibe 350 Kollegen kümmerten sich hier um Verwaltung, Lokfahrdienst, Unterhaltung der Loks und der technischen Anlagen. In Eilenburg selbst wurden damals bis zu 18 Lokomotiven sowie mehrere Tenderloks betreut. Überwiegend handelte es sich um Lokomotiven der Baureihe 52, die schwere Güterzüge durch das Land bewegten, und der Baureihe 38 für den regionalen Personenverkehr. Das Bahnbetriebswerk lag zwischen dem Metropolenraum Leipzig / Halle im Südwesten, Wittenberg im Norden und Cottbus im Osten.

Bis heute sind die Gleisanlagen zu erkennen, die im Lokschuppen enden. Allerlei Fundstücke lassen erahnen, wie beschwerlich die Arbeit der Bahnwerker war. Armdicke Rohre sind als Spritzwasser-, Heizungs- und Rückwasserleitungen gekennzeichnet. Ein verwittertes Schild fordert auf, eine Schutzbrille zu tragen. Auf Lichtschaltern sind in verblichener,

Vorige Doppelseite: Der Lokschuppen hat seine Funktion längst verloren

nicht mehr vollständig entzifferbarer Handschrift die Lampen vermerkt, die zu bedienen waren.

Das Bahnbetriebswerk verlor im Laufe der Jahrzehnte immer mehr an Bedeutung. Schon Ende der 1960er-Jahre wurde das Werk von Falkenberg/Elster aus verwaltet. Zwar wurden in den 1980er-Jahren im Zuge der Elektrisierung auch E-Loks in Eilenburg gewartet, doch mit dem Ende der DDR ging es auch mit dem Bahnbetriebswerk rapide bergab. Die Eilenburger Lokführer wurden in andere Dienststellen oder in den Ruhestand versetzt. Nachdem auch die Drehscheibe abgebaut worden war, wurde nur noch der Sozialtrakt genutzt. 1999 war auch damit Schluss.

Offenbar verließen die Arbeiter das Gebäude seinerzeit ohne Endreinigung. Am Boden eines Raums liegt eine bunte Zeitung vom 9. Februar 1999. Kurz vor dem Aus für das Gebäude studierte einer der Bahnmitarbeiter offensichtlich noch die Sportnachrichten. »Bevor der HSV 50 Punkte holt, kommt Pagelsdorf unter 100 Kilo«, heißt die Schlagzeile neben dem Bild eines korpulenten Mannes im Trainingsanzug. Aber Boulevardzeitungen irren sich bekanntlich häufig: Tatsächlich erreichte der Hamburger Sportverein in jener Bundesligasaison stolze 59 Punkte, ohne dass Fußballtrainer Pagelsdorf sichtlich an Gewicht verloren hatte.

Gekennzeichnet: Wasserleitungen

Zwischen allerlei Gerümpel zeugen Papiere auch von der guten alten Zeit – gut zumindest für

Marode: Nebengebäude des Bahnbetriebswerks

die Bahnmitarbeiter, die das Glück hatten, nach dem Ende der DDR weiterbeschäftigt zu werden. In einer Mappe liegt, fein abgeheftet, der Tarifvertrag zwischen dem Vorstand der Deutschen Reichsbahn und der Tarifgemeinschaft der Eisenbahner vom 28. November 1990. Bezogen auf die Fünftagewoche, standen den Bahnern mindestens 26 Tage Urlaub zu, mit über 39 Jahren hatten sie Anspruch auf 29 Tage, ab 49 sogar auf 30 Tage.

Dafür trugen die Mitarbeiter auch viel Verantwortung. Die gleich neben der Tarifmappe liegende Weisung zur »Behandlung der Fahrtenregistrierung bei ›Gefährlichen Ereignissen im Bahnbetrieb‹« lässt erahnen, welche schwerwiegende Folgen ein fehlerhaftes Verhalten haben konnte. Aus dem Text geht hervor, dass bei Fahrzeugen mit »Elektronischer Fahrtenregistrierung (EFR)« die Daten durch eine autorisierte Person aus der »Datenspeicherkassette (DSK)« ausgelesen werden sollten, um sodann auf einer Diskette weitergegeben zu werden. Das digitale Zeitalter hatte gerade begonnen.

Gänzlich analog ist dagegen eine Tafel, auf der einige spätere Besucher des Bahnbetriebswerks Informationen hinterlassen haben, zuletzt am 8. Juni 2017. Über die glorreichen Zeiten des Bahnbetriebs lernt man hier allerdings nichts. An der Tafel steht: »Julian ist so süß.«

Einige Teile des Verwaltungsgebäudes sind inzwischen nicht einmal mehr für heimliche Besucher begehbar. Ein Stück Dach ist eingestürzt, der Fußboden darunter morsch. Im Gebäude macht sich die Natur breit. Zartes Grün strebt nach oben. Durch die zerborstenen Fenster im Obergeschoss sieht man auf der einen Gebäudeseite die Bahnschienen, auf der anderen den lebhaften Verkehr auf der ausgebauten Schnellstraße B 87. Nur im alten Bahnbetriebswerk herrscht Ruhe. *US*

Das Heim der schlafenden Bergarbeiter

Wismut-Nachtsanatorium in Bad Schlema

Die Deutsche Demokratische Republik hielt Platz vier. Direkt hinter den Supermächten UdSSR und USA sowie dem auch nicht gerade kleinen Kanada. Und legt man die Fördermenge auf die Einwohnerzahl um, stand sie sogar an der Spitze: Kein anderes Land der Welt förderte pro Kopf so viel Uran wie die DDR.

Die Spitzenleistung von einst ist in Vergessenheit geraten. Vielleicht auch deshalb, weil die Region, in der der Rohstoff für das Wettrüsten gewonnen wurde, so gar nicht wie ein aufgegebenes Bergbaugebiet wirkt. Keine Mondlandschaften wie in der Lausitz. Keine gigantischen Abraumhalden wie im Ruhrgebiet. Auch verrostete Fördertürme sieht man im Erzgebirge nur vereinzelt. Stattdessen erlebt der Besucher ein liebliches Mittelgebirge.

Für Bergleute: Nachtsanatorium im Erzgebirge

Doch auch im Erzgebirge sind Klischees trügerisch. Denn der Uranabbau belastet die Region bis in die Gegenwart. Fast 50 Orte im Erzgebirge leiden an verseuchten Halden, strahlenden Absetzbecken oder kontaminierten Schächten. Hinter all den bis heute anhaltenden Problemen stand ein Unternehmen, das schon in der DDR-Zeit eine Sonderstellung einnahm: die SDAG Wismut. Neben toxischen Altlasten hinterließ die Wismut auch schwer vermittelbare Immobilien. Zu ihnen gehört der Kulturpalast in Chemnitz – und ein mächtiger Klotz am Rande des Kurorts Bad Schlema.

Versteckt liegt der zwischen hohen Bäumen. Die Auffahrt ist zugewachsen, im Innenhof sprengen Gras und Büsche den Asphalt. Zu illegal abgelagertem Müll gesellen sich zerbrochene Spanplatten – stumme Zeugen erfolgloser Versuche, die Immobilie gegen ungebetene Besucher zu sichern. Die kommen immer wieder, denn das Gebäude macht neugierig. Wie ein barockes Schloss wirkt es: Streng symmetrisch ist der Grundriss, repräsentativ der Wandelgang und verspielt das schiefergedeckte Mansarddach, aus dem elegante Gauben mit halbrunden Dächern ragen.

1955 wurde der Bau als Nachtsanatorium »J. W. Stalin« eröffnet. Der als besondere Ehre gedachte Beiname wurde schon wenige Jahre später getilgt: Inzwischen hatte man sich auch in der DDR von dem einst allmächtigen sowjetischen Diktator distanziert, der 1953 gestorben war. Der mittlerweile kaum mehr bekannte Begriff Nachtsanatorium aber blieb. Er ist ein Relikt aus einer Zeit, in der das Einkommensniveau, der Wohnkomfort und auch die Mobilität der Menschen weit geringer waren als heute. Schwerstarbeiter wie die Bergbauarbeiter von Schlema hatten zu Hause nicht die Gelegenheit, sich so zu regenerieren, wie es für ihre Tätigkeit unter Tage ratsam gewesen wäre. Lange Wege zur Arbeit, schlechte Verkehrsverbindungen und Wohnungsmangel bestimmten die Lebensverhältnisse im dünn besiedelten Erzgebirge. Die Lösung des Problems: Der Arbeiter sollte nach Feierabend nicht zwei Stunden mit dem Fahrrad nach Hause radeln, sondern sich in einer speziellen Einrichtung in der Nähe des Arbeits-

Imposant: Wandelhalle für Werktätige

Ende der Vorstellung: Theatersaal im Schlemaer Nachtsanatorium

platzes entspannen. Im Nachtsanatorium schöpfte der Bergmann Kraft für den nächsten Arbeitstag. Bis zu vier Wochen wurden die Kumpel dort brigadeweise einquartiert.

Dass gerade die SDAG Wismut gleich mehrere Nachtsanatorien betrieb, war kein Zufall: Die Arbeit dort war deutlich härter und gesundheitsschädlicher als in anderen Sektoren. Die Nachtsanatorien waren nur ein Teil eines dichten Netzes von Versorgungseinrichtungen, die das Bergbauunternehmen aufgebaut hatte. Die Wismut betrieb sogar ein eigenes Gesundheitswesen, das völlig unabhängig von der sonstigen medizinischen Versorgung in der DDR funktionierte. Überhaupt galten für das Unternehmen andere Regeln als für die restlichen DDR-Betriebe. Ohne Uran aus der DDR wäre schließlich der Ostblock beim atomaren Wettrüsten ins Hintertreffen geraten. Deshalb war die Wismut auch kein volkseigener Betrieb, sondern die einzige SDAG – eine Sowjetisch-Deutsche Aktiengesellschaft, unmittelbar kontrolliert von der sowjetischen Verwaltung.

An die Geschichte des Uranbergbaus in Schlema erinnert heute eine Ausstellung im einstigen Kulturhaus »Aktivist«. Wie die Arbeiter sich über Nacht erholen sollten, kann man im verlassenen Nachtsanatorium

Folgende Doppelseite: Anders als die Schlafräume wirken die Säle opulent

nur erahnen. An endlosen Gängen reiht sich Zimmerchen an Zimmerchen – an die 400 enge, spartanisch eingerichtete Schlafkammern enthält das Gebäude. In krassem Kontrast zu ihnen stehen die opulent eingerichteten Treppenhäuser und Säle, in denen die Freizeit im Kollektiv zelebriert wurde.

Den zentralen Mittelbau des Nachtsanatoriums beherrscht ein üppig ausgestatteter Saal für Kino- und Theaterabende. Nicht nur körperlich, auch geistig sollten die Kumpels ertüchtigt werden. Heute ist der Saal leer. Die Stühle, auf denen einst breitschultrige Malocher saßen, um sich durch ausgewählte Filme ihren Klassenstandpunkt festigen zu lassen, sind verschwunden. Nur Reste des Bühnenvorhangs hängen noch in den Schienen. Gelegentlich flattern sie ein wenig – bewegt durch den Wind, der durch die zerschlagenen Fenster dringt.

Ohne Funktion: Reste der Bühnentechnik

In den 1960er-Jahren endete die Ära der Nachtsanatorien. Die Wohnungslage hatte sich entspannt. Und von Josef Wissarionowitsch Stalin wollte sowieso niemand mehr etwas wissen. Aus dem Sanatorium in Schlema wurde zunächst eine normale Erholungseinrichtung und nach der deutschen Einheit ein Altenheim. Als auch das nach einigen Jahren geschlossen war, scheiterte der letzte Versuch einer Wiederbelebung. Eine Mischung aus Wohnungen und Gastronomie kündigte der Käufer an, eine Disco sollte dazugehören und ein Café, das Entree sollte mit einem Springbrunnen und Marmorböden verziert werden. Doch so weit kam es nie. Am Ende sah man den Investor alleine in den Ruinen werkeln. Der aus Griechenland stammende Unternehmer eiferte offenbar Sisyphos nach. Nach einem Leistenbruch stellte auch er seine Bemühungen ein. Der einsame Held der Arbeit hatte sich im einstigen Nachtsanatorium für die Werktätigen seine Gesundheit ruiniert. *AS*

Die Ruine im Hipster-Viertel

Druckereimaschinenwerk Leipzig

In die zahllosen Industriebauten in Leipzig-Plagwitz kehrt wieder Leben ein. Die Ateliers in der ehemaligen Baumwollspinnerei sind durch die Maler der »Leipziger Schule« weltberühmt geworden. Im »Täubchenthal« oder im »Pool Garden« tanzen junge Leute bei Discomusik und Livekonzerten in ehemaligen Fabrikgebäuden. Auch in anderen alten Produktionsstätten arbeiten Kreative in Ateliers, Proberäumen oder Coworking Spaces, wohnen Betuchte in schicken Lofts, werden Waren verkauft. Plagwitz gehört zu den vitalsten Vierteln in Leipzig und hat viel zum Ruf der Stadt als einer der derzeit hippsten Orte Deutschlands beigetragen.

Inmitten der sanierten und neu genutzten Industriebauten verfällt eine Ruine vor sich hin. Verlassen ist das alte Druckereimaschinenwerk in der Zschocherschen Straße allerdings ganz und gar nicht. Bier- und Schnaps-

Verfallene Ruine in Plagwitz: Maschinenwerk aus dem späten 19. Jahrhundert

Über 100 Meter lang: Die Montagehalle der ehemaligen Maschinenfabrik

flaschen, Zigarettenkippen – überall liegen Zeugnisse einer illegalen Nutzung des Gebäudes herum. Einige der leeren Getränkebehälter scheinen erst vor Kurzem aus einem der Supermärkte herbeigeschafft worden zu sein, die in den letzten Jahren in der Nachbarschaft eröffneten.

Während bei den Getränken teilweise noch nicht einmal das Verfallsdatum erreicht ist, ist es bereits fast anderthalb Jahrhunderte her, dass der erste Besitzer mit seinen Maschinen das Gebäude zu nutzen begann. Philipp Swiderski zog mit seiner Fabrik für Dampfmaschinen, Buchdruckmaschinen und Lithografie-Pressen aus dem Leipziger Osten quer durch die Stadt nach Plagwitz. Der Fabrikant hatte im Januar 1888 den Bauantrag für ein Fabrikgebäude, ein Kesselhaus mitsamt Schornstein, ein Pissoir, ein Portiershaus, einen Koksschuppen und eine Schmiede gestellt. Das Herz bildete die 110 Meter lange und 20 Meter breite Montagehalle mit ihren noch heute bestehenden beiden Seitengalerien

Rechte Seite: Eingangsgebäude mit markantem Turm

und dem als Oberlicht dienenden Glasdach über dem Mittelteil. Am Kopf der funktionalen Halle sorgt ein repräsentatives Vordergebäude mit einem schicken Turm für die markante Optik zur Straße hin. Eine eigene Gießerei folgte – für die Teile der riesigen Maschinen, die in der Fabrik hergestellt wurden.

Swiderskis Umzug nach Plagwitz fiel in eine Ära, in der dieser Stadtteil zu einem der großen deutschen Industriezentren aufstieg. Maßgeblich am Aufschwung Ende des 19. Jahrhunderts mitgewirkt hat Ernst Carl Erdmann Heine (später oft Karl Heine genannt). Die wichtigste Straße des Stadtteils trägt bis heute den Namen des Industriepioniers. Der Rechtsanwalt und Unternehmer erwarb mit Partnern viel Grund und Boden im Leipziger Westen, konsequent trieb er die Erschließung des Gebiets voran. Gegen den Willen der Leipziger Ratsherren ließ er die Plagwitzer Brücke bauen, die das Industrieareal mit der Stadt verband.

Lichtdurchflutet: Seitengalerie

Ernst Carl Erdmann Heine baute nicht nur Brücken, er legte auch neue Gewässer an. Der Karl-Heine-Kanal sollte die Weiße Elster mit der Saale verbinden und so einen Zugang zu den großen deutschen Wasserstraßen schaffen. Der erste Abschnitt an der Weißen Elster wurde 1864 eingeweiht. Ein zweites Teilstück folgte im Jahr 1898 und führte bis zum Linde-

Voller Müll und Schmierereien: Die Montagehalle von außen

nauer Hafen. Der Kanal wurde nie vollendet, doch die ersten Teilstücke führen bis heute Wasser. Gut 300 Meter von der Fabrik entfernt unterquert der Kanal die Zschochersche Straße.

Heute hat das Gewässer den Rang eines Kulturdenkmals und dient Paddlern als idyllisches Erholungsgebiet inmitten gigantischer Fabriken. Segen über Plagwitz brachte der Kanal schon im 19. Jahrhundert: Weite Teile des entstehenden Industriegebiets bekamen durch die Grabungen einen trockenen Boden, und ihr Wert als Bauland stieg beträchtlich.

Das Wasser in der Maschinenfabrik kommt mittlerweile von oben. Neben dem Partyvolk hat auch die Witterung den Bauten zugesetzt. An mehreren Stellen sind die Dächer beschädigt. Die Feuchtigkeit nagt an der Substanz. In den oberen Etagen klaffen riesige Löcher im Fußboden. Wind pfeift durch die Räume. Einzelne Gebäudeteile sind nicht einmal mehr für das mutige Feiervolk nutzbar.

Wären die Maschinen in den riesigen Hallen verblieben, dann könnten sie sicher viel von der bewegten Vergangenheit der Produktionsstätte erzählen. Noch während des Ersten Weltkriegs ging der Betrieb, inzwischen in eine Aktiengesellschaft umgewandelt, in die »Industriewerke GmbH« über. In den 1920er-Jahren firmierte das Unternehmen als »Georg Spiess Maschinenfabrik«. Nach dem Zweiten Weltkrieg wurde das Werk verstaatlicht und hieß zunächst »VEB Bogenanlegerwerk Leipzig«, bevor es 1953 dem »VEB Druckereimaschinenwerk Leipzig« zugeordnet wurde.

Oben ohne: Schäden am Dach

1990 kam das Aus für die DDR – und für das traditionsreiche Maschinenwerk. Wie viele andere der großen Fabriken im Leipziger Westen wurde auch diese Fertigungsstätte geschlossen. Kaum waren die Arbeiter gegangen, kamen neue – heimliche – Nutzer. In den leeren Hallen und Verwaltungsräumen gibt es kaum eine Wand ohne Graffiti. Manche Räume werden von echten Kunstwerken geziert. Doch daneben gibt es auch jede Menge Schmierereien. Offenbar sind es bei Weitem nicht nur Schöngeister, die hier ein und aus gehen. In einem Raum finden sich auf einem Fenstersims Getränkeflaschen, die augenscheinlich für Schießübungen genutzt wurden.

Fraglich ist allerdings, wie lange die alten Fabrikgebäude noch als Spielwiese für Künstler, Feierwütige und Scharfschützen dienen werden. Denn Plagwitz geht den Weg vieler attraktiver Viertel in den großen Städten: Die Studenten und Hipster werden erwachsen, bekommen Kinder, verdienen Geld – und schaffen einen Markt für luxussanierte Wohnungen. Es ist nur eine Frage der Zeit, bis auch das Areal rund um die alte Druckmaschinenfabrik erneut als wertvolles Bauland entdeckt wird. *US*

Vorige Doppelseite: Manche Graffiti sind nicht ohne künstlerischen Anspruch